KOMPASS

Radreiseführer

Neckartal-Radweg

Genussmomente und lohnenswerte Schlenker
für Reise-Radler und E-Bike-Entdecker

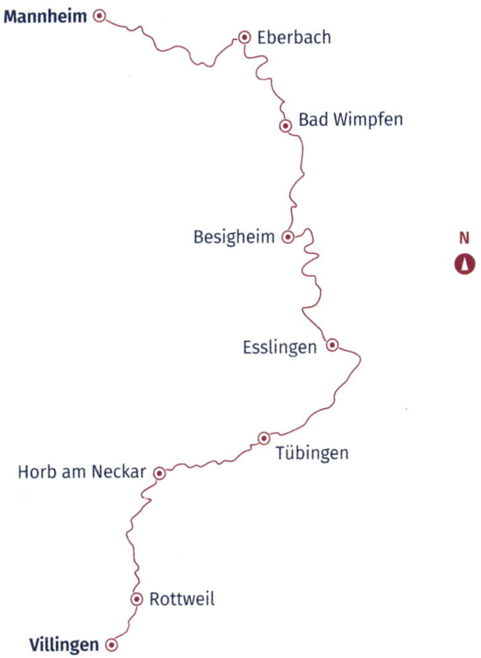

Der Neckartal-Radweg

Von der Quelle bis Mannheim

Lasse den Alltag hinter dir. Nimm dir die Zeit – Fahr los, um etwas zu erleben und schreibe es nieder. Erinnere dich an deine Reise, an die Natur, die Städte und die Menschen, mit denen du die Momente geteilt hast.

Mannheim
Eberbach
Buchen
Kaiserslautern
Rothenburg ob der Tauber
Sinsheim
Landau
Bad Wimpfen
Obersulm
Crailsheim
DE
FR
Karlsruhe
Besigheim
Pforzheim
Haguenau
Schwäbisch Gmünd
Esslingen
Heidenheim
Strasbourg
Oberkirch
Tübingen
Freudenstadt
Reutlingen
Laichingen
Horb am Neckar
Ulm
N
Balingen
Rottweil
Sigmaringen
Villingen
Freiburg

Waldreiches Neckartal

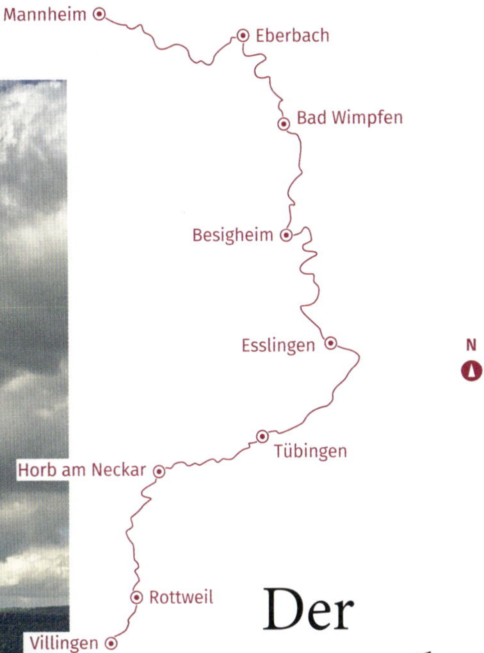

Der Neckar

Über fast 370 km folgt der Radweg dem windungsreichen Verlauf des Neckars. Malerische Schluchten mit steilen Hängen und Fachwerkorten prägen den Oberlauf. Am Neckarknie in Plochingen ändert der Neckar seine Fließrichtung, der Fluss quert den Großraum Stuttgart, um danach vorbei an Weinbergen, Weinorten und berühmten Neckarstädten in vielen Schlingen und Schleifen wieder nach Norden zu fließen. Romantisch ist der von Burgen gesäumte Unterlauf ab Bad Wimpfen: Auf 80 km hat sich der Fluss tief in den Odenwald eingeschnitten. Hinter Heidelberg tritt er dann in den Oberrheingraben ein.

Das Schwenninger Moos.

Steile Wände im Oberlauf

Horb am Neckar.

Von der Quelle im Schwenninger Moos geht es entlang des jungen Neckars durch das Stadtgebiet der Uhrmacherstadt in die Fasnet-Hochburg Rottweil. Schon in seinem Oberlauf bietet der Neckar gleich die ersten landschaftlichen Höhepunkte, denn unterhalb von Rottweil kämpft er sich zwischen steilen Felswänden durch die Ausläufer der Schwäbischen Alb. Die schluchtartige Strecke zählt zu den landschaftlich imposantesten des ganzen Tals. Rottweil und Horb begeistern mit ihren historischen Ortskernen und Stadtansichten.

Herrlich gelegen – Rottenburg.

Uniluft und Fachwerkromantik

Blick auf die Altstadt von Esslingen.

Hinter Horb tritt der Neckar in das weite Tübinger Becken ein, entlang erster Weinberge geht es in die Universitätsstadt. Auf der weiteren Fahrt locken Baggerseen zu einem Sprung ins kühle Nass. In Nürtingen begegnet man erstmals Hölderlin. Bei Plochingen beginnt am Neckarknie der Mittellauf des Neckars, ab dem Plochinger Hafen ist er schiffbar. Plochingen im Osten des Metropolraums Stuttgart begeistert mit moderner Architektur – Esslingen dagegen zählt zu den schönsten Fachwerkstädten des Neckartals mit bekannten Weinlagen.

Blick von der Käsbergkanzel auf die Mundelsheimer Neckarschleife.

Wein, Burgen und Neckarschleifen

Silhouette der Kaiserpfalz Wimpfen.

Vorbei an den Mercedes-Autowerken geht es nach Bad Cannstatt. Auf dem Fluss tuckern nun Lastkähne und Ausflugsschiffe. Schon bald wird der von Industrie geprägte Stadtraum von malerischen Weinbergen abgelöst. Eine markante Neckarschleife folgt auf die nächste, abwechslungsreich geht es von Weinort zu Weinort bis Heilbronn. Am Weg liegen die Schlösser von Ludwigsburg, die Schillerstadt Marbach, die berühmten Hessigheimer Felsengärten, das romantische Besigheim und die imposante Stauferpfalz Bad Wimpfen.

Neckarzimmern mit Burg Hornberg.

Burgenreich durch den Odenwald

Bei Neckarelz durchbricht der Fluss den Buntsandstein-Odenwald, den er erst bei Heidelberg wieder verlässt. Fantastisch die Fahrt durch das schluchtartig eingeschnittene Tal, die Odenwaldhänge leuchten im Herbst in allen Farben! Fast jeder der Fachwerkorte hat seine eigene Burg, über Neckarsteinach erheben sich gleich vier. Zu den schönsten Ruinen zählt das Heidelberger Schloss hoch über dem Tal. Zum Finale die Fahrt durch den Oberrheingraben zur Rheinmündung – überraschend grün und mit vielen Sehenswürdigkeiten kurz vor dem Ziel.

Der Neckar bei Ladenburg.

Zum Radreiseführer

Das Buch ist klar und einfach in zwei Teile gegliedert:
Reiseführer & Roadbook

Mit dabei sind ein Kontaktverzeichnis, eine große Extra-Karte und der GPX-Track zur Hauptroute.

Der Reiseführer und die Extra-Karte für den nötigen Überblick zeigen dir das „Rundherum“ des Weges und nicht nur den Asphalt unter den Reifen. Hier werden die Stationen des Radwegs charmant beschrieben. Die Einteilung in **„Kapitel“** dient der großräumigen Orientierung. Dabei handelt es sich nicht um Empfehlungen für Tagesetappen. Die Wahl des Fahrrades, mit oder ohne Motorunterstützung und konditionelle Unterschiede erfordern eine individuelle Etappenplanung.

Jedes Kapitel beginnt mit einem illustrierten Höhen- und Streckenprofil zur schnellen Orientierung. Die Beschreibung greift nach und nach den landschaftlichen Charakter und die Sehenswürdigkeiten entlang der Hauptroute auf und vermittelt auf diese Weise ein Gefühl für die Umgebung. Unterbrochen wird der Text durch farblich hinterlegte Infoboxen.

Highlights am Wegesrand: Diese sind im Haupttext hervorgehoben und mit blauem Symbol durchnummeriert (siehe oben rechts). In grünen Infoboxen mit der entsprechenden Symbol-Nummer, wird das jeweilige Highlight detailliert beschrieben. Aufgrund der Fülle an Informationen kann es vorkommen, dass einige nummerierte Highlights nur im Haupttext erwähnt werden und keine separaten Erläuterungen existieren. In den Karten vom Roadbook sind die Sehenswürdigkeiten mittels Symbol-Nummer verortet. Die Stadtpläne helfen bei der Orientierung an Ort und Stelle.

Highlights am Wegesrand **1**

Lohnenswerte Schlenker **2**

Wissenswertes im Gepäck

Lohnenswerte Schlenker: Neben den Highlights sind im Text auch abseits vom Radweg gelegene Sehenswürdigkeiten als Lohnenswerte Schlenker ausgewiesen. Denn häufig zahlen sich kleinere oder größere Abstecher von der Hauptroute aus, um interessante Orte und Geheimtipps fernab des Trubels für sich zu entdecken. Die Kennzeichnung im Text sowie in der dazugehörigen Infobox beziehungsweise im Roadbook erfolgt ebenfalls über die entsprechende Symbol-Nummer.

Wissenswertes über lokale und regionale historische, landschaftliche oder kulturelle Gegebenheiten wird an vielen Stellen in roten Infoboxen vermittelt.

Roadbook: Detailkarten und exakte Wegbeschreibung

GPX-Track: Die Hauptroute für die digitale Navigation

Extra-Karte: Maximale Übersicht und Planungsinstrument

Das Roadbook enthält die Detailkarten mit eingezeichneter Hauptroute und die dazugehörige Streckenbeschreibung. Stellenweise können mehrere offizielle Varianten des Radwegs existieren. Unsere Autoren haben die schönste als Hauptroute gewählt und als rote Linie dargestellt. Es ist möglich, dass diese Route punktuell vom offiziellen Verlauf abweicht, um verkehrsreiche Abschnitte zu umfahren oder besondere Highlights entlang der Strecke aufzunehmen. Das Roadbook ist an die aktuellen Bedingungen rund um den Radweg angepasst. Die mittlerweile gute bis hervorragende Beschilderung der beliebtesten Radwege sowie die häufig offiziell erhältlichen Radwege-Apps und digitalen Wegverläufe erlauben es, das Roadbook auf das Wesentliche zu reduzieren und dadurch eine optimale Übersichtlichkeit zu erreichen.

Linien: Unsere Hauptroute wird als durchgezogene rote Linie abgebildet. Ausgewählte Varianten werden als rot gestrichelte Linie dargestellt. Lohnenswerte Schlenker entsprechen der grünen Linie und zweigen von der Hauptroute ab. Maßstabsbedingt können nicht alle Schlenker im Roadbook abgebildet werden.

Wegpunkte: Der Text und die Kartografie sind über die Wegpunkte miteinander verbunden. Schwarze Kreise mit weißer Zahl beschreiben die Hauptroute. Grüne Wegpunkte erläutern den Verlauf der Lohnenswerten Schlenker.

Zusatzinformationen im Roadbook und in den Stadtplänen			
(rote Linie)	Hauptroute	(gestrichelte Linie)	Variante
5	Kilometrierung	(grüne Linie)	Lohnenswerter Schlenker
< «	Steigung, starke Steigung		
1 1	Wegpunkte Hauptroute/Lohnenswerte Schlenker		

Kilometrierung: Die Hauptroute ist vom Start bis zum Ziel fortlaufend in regelmäßigem Abstand mittels weißer Kilometerangabe in rotem Kreis beschildert. An jedem Ort ist die bereits zurückgelegte Strecke problemlos ablesbar und die Anschlusskarte schnell gefunden. Steigungspfeile entlang der Route markieren steilere Abschnitte in oder entgegen der Fahrtrichtung.

Sehenswürdigkeiten: Soweit möglich sind die im Reiseführer beschriebenen Highlights und Schlenker im Roadbook mit blauem Symbol und weißer Nummer verortet. Darüber hinaus enthalten die Karten viele weitere Hinweise zu touristischen Attraktionen und landschaftlichen Besonderheiten entlang des Radweges. Die vollständige Kartenlegende befindet sich auf der hinteren Klappe.

Aktuelles: Hochwasser- oder baustellenbedingte Umleitungen sind in der Regel gut ausgeschildert und werden ebenso wie die aktuellsten Verkehrsinformationen, Hinweise und Sicherheitsmaßnahmen auf den offiziellen Seiten des Radwegs und der Touristinformationen kommuniziert. Hilfreiche Adressen und Kontakte finden sich auf den nächsten Seiten.

GPX-Track & Tourenplanung

Den GPX-Track zur Hauptroute des Roadbooks gibt es hier zum Download:

www.kompass.de/gpx

Für die Planung einer Radtour und der einzelnen Tagesetappen sollte man sich genügend Zeit nehmen. Mache dich mit deiner Tour vertraut und wähle deine persönlichen Highlights aus. Dort wirst du bestimmt mehr Zeit verbringen wollen. Mit großer Sicherheit wirst du auch unterwegs auf den einen oder anderen Ort treffen, an dem du ungeplant verweilen möchtest.

Ohne große Erfahrung mit mehrtägigen Radtouren sollte man eher kürzere Etappen einplanen. Wenn man sein Konditionslevel nicht kennt ist es hilfreich, vorab einzelne Tagesausflüge mit seinem beladenen Tourenrad zu unternehmen. Dabei sollte man möglichst ohne große Anstrengung fahren, da es auf die Ausdauer und nicht auf die Geschwindigkeit ankommt. So wird schnell klar, bei welcher durchschnittlichen Tages-Kilometer-Leistung die eigene Komfortzone liegt und was die Stärken und Schwächen des Rades und der Sitzposition sind. Des Weiteren gilt es regelmäßig Pausen einzuplanen und eventuell. einen Ruhetag an einem lohnenswerten Ziel.

Wie viele Kilometer schafft man? Pauschal kann dies nicht gesagt werden, da zu viele Faktoren eine Rolle spielen wie unter anderem die eigene Kondition, das Gepäck, die zu überwindenden Höhenmeter oder auch das Wetter. Starker Gegenwind kann die Durchschnittsgeschwindigkeit halbieren. Mit dem E-Bike kann die Distanz schnell um 20 bis 30 % oder sogar 50 % und mehr gesteigert werden. Eigene Probefahrten schaffen Gewisseit und helfen, die persönliche Durchschnittsgeschwindigkeit und eine realistische reine Fahrzeit exklusive Pausen für sich zu ermitteln. Damit ist die Tages-Kilometer-Leistung schnell berechnet. Die nachfolgende Auflistung zeigt Erfahrungswerte, also Tages-Distanzen in Abhängigkeit vom Konditionslevel für Radtouren in ebenem bis mäßig hügeligem Gelände und dient der groben Orientierung:

<30 km = relativ einfach (Anfänger und Etappen mit Kindern)
30–40 km = gemütlich (häufige Pausen und größere Gruppen)
40–50 km = durchschnittlich (ab 50 km sind Sportliche schon gut dabei)
50–80 km = erhöhte Kondition (bereits nach leichtem Training machbar)
80–120 km = gute Kondition (mit viel Gepäck benötigt man für 120 km den ganzen Tag)
> 120 km = sehr gute Kondition

Plan B: Sollte man sich bei der Etappenlänge verplant haben, so stehen häufig regionale Fahrradtaxi-Unternehmen, Fähren, Bus und Bahn zur Verfügung (Kontakt über Touristinformationen und die offizielle Radwegseite). Im Notfall kann immer eine alternative Unterkunft gewählt werden.

Tipp vom Experten

Die Profis von Diamant blicken auf eine über 135-jährige Geschichte zurück. Für uns haben sie das Wichtigste zusammengeschrieben, damit die Fahrradtour gelingt.

Checkliste vor jeder Fahrt:

- ✓ Lenker und Vorbau kontrollieren
- ✓ Laufräder prüfen (Reifendruck, Befestigung etc.)
- ✓ Bremsen testen (Bremsbelag, Scheiben, Felgen etc.)
- ✓ Kettenspannung überprüfen
- ✓ Sattel (Sitz) und Sattelstütze kontrollieren
- ✓ Federung prüfen und Wartungsintervall checken
- ✓ Beleuchtung und Reflektoren sicherstellen
- ✓ Rahmen und Gabel begutachten
- ✓ Akku beim Elektrorad prüfen
- ✓ Pannenset & Kompatibilität kontrollieren

Die Länge einer Tagesetappe hängt von vielen Faktoren ab. Insbesondere von der eigenen Kondition, der Motivation, den Wetter- und Wegebedingungen und natürlich auch von den Wegbegleitern. Greift man auf ein Elektrorad zurück; sind weitere Faktoren zu beachten. Es ist sowohl vor Antritt als auch während einer Fahrt schwierig, die Reichweite der Akkuladung exakt vorherzusagen. Allgemein gilt jedoch:
Bei gleichem Unterstützungslevel des E-Bike-Antriebs: Je weniger Kraft du einsetzen musst, um eine bestimmte Geschwindigkeit zu erreichen (z.B. durch optimales Benutzen der Schaltung), umso weniger Energie wird der Antrieb verbrauchen und umso größer wird die Reichweite einer Akkuladung sein. Je höher der Unterstützungslevel bei ansonsten gleichen Bedingungen gewählt wird, umso geringer ist die Reichweite.

Spezielles zum Elektrorad

- Ganz wichtig: Mach dir bewusst, dass andere Verkehrsteilnehmer womöglich nicht damit rechnen, dass ein Elektrorad schneller fahren kann als ein herkömmliches Fahrrad. Außerdem erhöht eine schnellere Geschwindigkeit das Unfallrisiko.
- Überlaste den hinteren Gepäckträger nicht. Die maximal erlaubte Zuladung des hinteren Gepäckträgers beträgt 20 - 25 kg.
- Reinige das E-Bike niemals mit einem Hochdruckreiniger. Die elektrischen Komponenten sind feuchtigkeitsempfindlich. Unter Hochdruck auftreffendes Wasser kann in Steckverbindungen und andere Teile des Elektrosystems eindringen.
- Akku vor längerer Nichtbenutzung auf bis etwa 60% aufladen (normalerweise 3 bis 4 LEDs der Ladezustandsanzeige). Nach 6 Monaten den Ladezustand prüfen. Leuchtet nur noch eine LED der Ladezustandsanzeige, Akku wieder auf bis etwa 60% aufladen.
- Es ist nicht empfehlenswert, den Akku dauerhaft am Ladegerät angeschlossen zu lassen.
- Wird der Akku längere Zeit in leerem Zustand aufbewahrt, kann er trotz der geringen Selbstentladung beschädigt und die Speicherkapazität stark verringert werden.

Eingepackt

Was muss mit? Diese Packliste beantwortet die Frage. Individuelle Anpassungen sind erforderlich, da jede Radreise einzigartig ist. Beutel und Packsäcke sorgen für Ordnung in den Packtaschen.

NAVIGATION
Kartenmaterial, Radreiseführer
Handy / (Ladekabel, Akkus)
GPS-Fahrradcomputer (Ladekabel, Akkus prüfen)

ALLGEMEINES
Ausweise, Papiere, Telefonnummern
Reisedokumente
Bargeld / EC-Karte / Kreditkarte
Stift & Notizbuch
Stirnlampe / Taschenlampe (Ladekabel, Akkus prüfen)
Wasserdichte Schutzhüllen für Handy und Wertsachen
Powerbank (mobile Stromversorgung)

FAHRRADSPEZIFISCH
Tacho/Fahrradcomputer
Getränkeflasche / SchlauchTrinksystem
Fahrradlicht Vorne & Hinten
Fahrradwerkzeug für Standardreparaturen & Flickzeug
Ersatzschlauch & Reifenheber
Luftpumpe, Lappen
Schloss
E-Bike-Ladegerät nicht vergessen!

NOTIZEN

KLEIDUNG & SCHUTZ
Tages- & Wechselkleidung
Gepolsterte Radunterhose
Leichte Isolationsjacke
Regenjacke und Regenhose
Schlafzeug, Badezeug
Radtourenschuhe
Wechselschuhe oder Sandalen
Sport-, Sonnenbrille (bruchsicher)
Helm (gesetzliche Helmpflicht in Österreich für Kinder unter 12 Jahren)
Unterhelmstirnband / -mütze
Schlauchtuch / Buff
Fahrradhandschuhe

REISEAPOTHEKE
Erste-Hilfe-Set (inkl. persönliche Medikamente)
Desinfektionsmittel, Mundschutz, Seife
Pflaster / Stretchverband
Sonnen- & Insektenschutz
Augentropfen
Ohrstöpsel

HYGIENE
Kulturbeutel (gepackt)
Duschgel & Shampoo
Zahnbürste & Zahnpasta
Reisehandtuch
Taschentücher

SONSTIGES
Ersatzbrille
Fotoapparat (Speicherkarte & Akkus prüfen)
Unterhaltung: Buch, Spielkarten, Zeitschrift…
Kopfhörer
Feuerzeug & Taschenmesser (mit Schere)
Spülmittel, Schwamm und Geschirrtuch
Campingausrüstung (falls erforderlich)
Geschirr & Besteck

Schilderwald… Wegecharakter Informationen

Neckartal-Radweg
www.tourismus-bw.de

Die Beschilderung und das offizielle Logo des Radwegs.

Der Radweg ist durchgehend mit dem offiziellen Logo (Radfahrer auf blauem Hintergrund) beschildert.

Die Wegequalität ist bis auf wenige Ausnahmen sehr gut. Die flussbegleitende Route führt größtenteils über asphaltierte Wege. Immer wieder verläuft der Radweg auch auf ruhigen Landstraßen oder geschotterten Wegen. Nur punktuell bewegt man sich auf gut befahrbaren, unbefestigten Waldwegen. Auf kurzen Abschnitten in Ortschaften verläuft die Route im Verkehr.

Der überwiegend ebene Radweg ist für Einsteiger und meist auch für Kinder geeignet. Auf einigen Abschnitten verlässt der Radweg das Tal. Dort sind auch moderate und wenige stärkere Anstiege zu bewältigen. Durch Bauarbeiten können kurze Abschnitte nicht befahrbar sein. Örtliche Umleitungen sind meist gut ausgeschildert und auf der offiziellen Seite (siehe rechts) beschrieben.

Informationen:
Geschäftsstelle Neckartal-Radweg
Reinsburgstr. 97
70197 Stuttgart
Telefon: 0711 / 5047 9416
Telefax: 0711 / 5047 9419
E-Mail: info@neckartalradweg-bw.de

Website Neckartal-Radweg
www.neckartalradweg-bw.de

Aktuelles zum Radweg
www.neckartalradweg-bw.de/route-planen/aktuelles

Der Neckartal-Radweg

Teil 1
Reiseführer

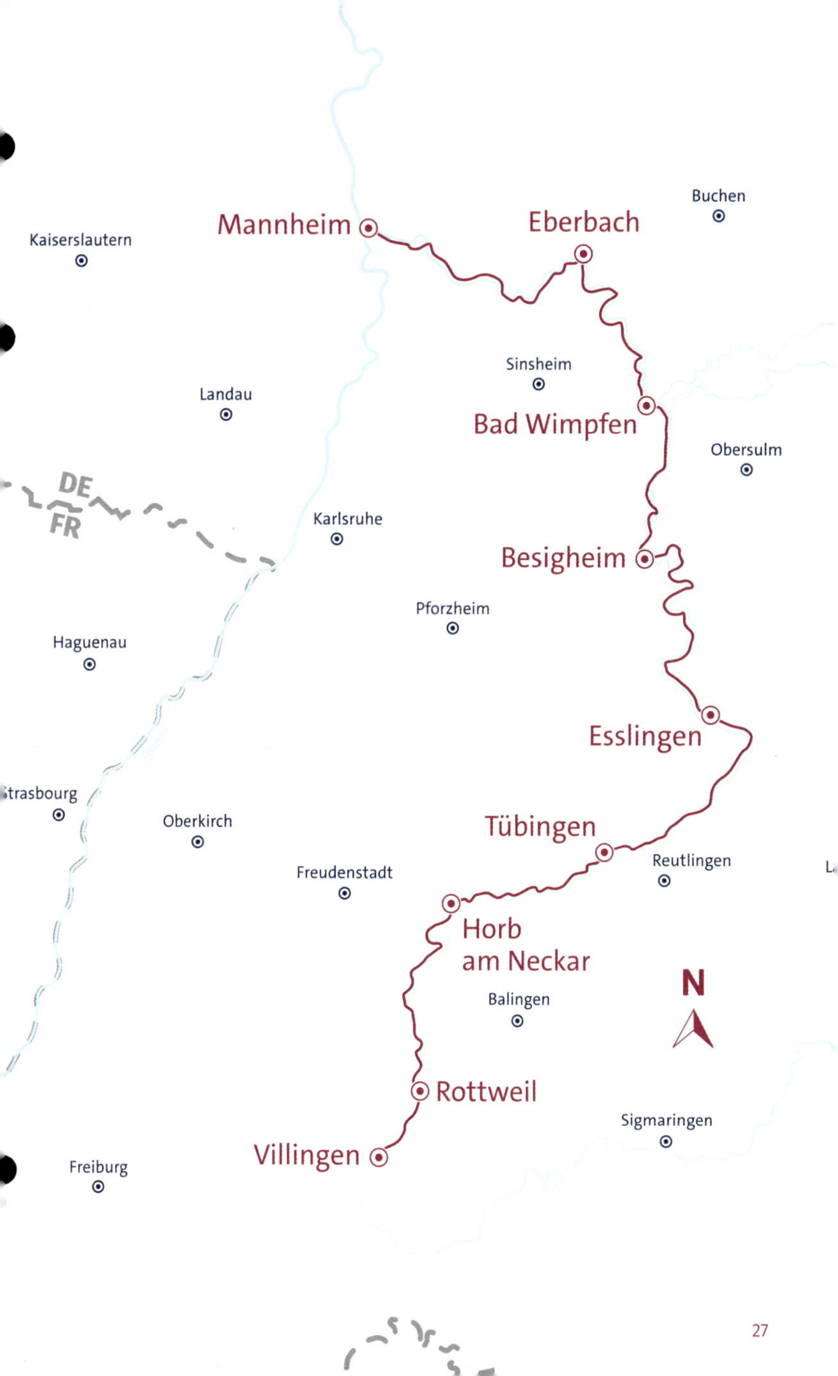
Mannheim
Eberbach
Buchen
Kaiserslautern
Sinsheim
Landau
Bad Wimpfen
Obersulm
DE
FR
Karlsruhe
Besigheim
Pforzheim
Haguenau
Esslingen
Oberkirch
Tübingen
Reutlingen
Freudenstadt
Horb
am Neckar
Balingen
N
Rottweil
Sigmaringen
Villingen
Freiburg

Am Neckar-Ursprung im Schwenninger Moos.

8 Schlenker & Highlights

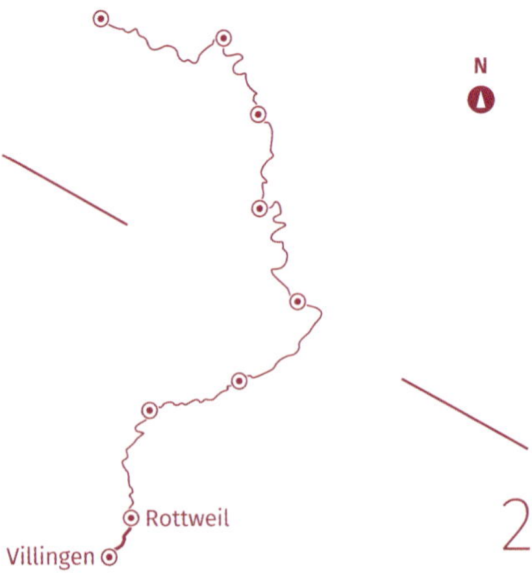

27 **km**

Streckenprofil

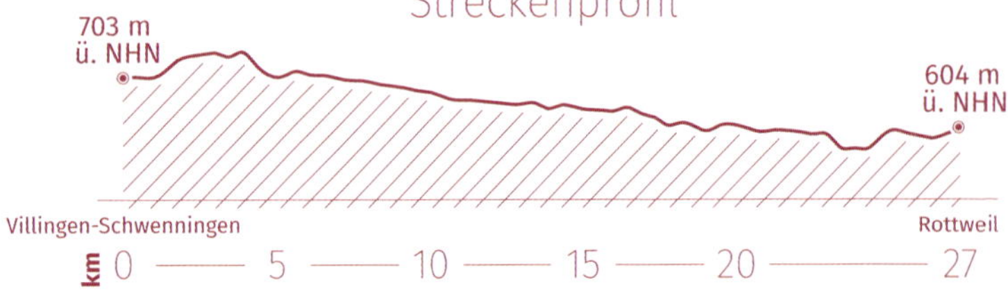

Quellsteine, Uhren und Fasnet

Villingen-Schwenningen am Ostrand des Naturparks Südschwarzwald ist die Hauptstadt der Baar, einer Hochebene zwischen Schwarzwald und Schwäbischer Alb und Wasserscheide zwischen Rhein und Donau. Dank ihrer Lage am Donau-Zufluss Brigach und am Neckarursprung ist sie ein Knotenpunkt zahlreicher Wander- und Radwege in alle Himmelsrichtungen.

Während der im Schwenninger Moos entspringende Neckar dem Rhein zufließt, vereinigt sich die durch Villingen strömende Brigach mit der Breg zur Donau: „Brigach und Breg bringen die Donau zu Weg".

1972 schlossen sich der badische Kneippkurort Villingen unterhalb des Magdalenenbergs und der württembergische Uhrenstandort Schwenningen zur Doppelstadt Villingen-Schwenningen zusammen; die Städte liegen rund 8 km auseinander.

Beide Städte haben aufgrund ihrer Geschichte ganz unterschiedliche Charaktere: Villingen blickt auf eine bürgerlich geprägte Stadtgeschichte zurück, die bis ins frühe Mittelalter zurückreicht – knapp 500 Jahre lang gehörte die Zähringerstadt zum habsburgischen Vorderösterreich, regiert wurde sie von Innsbruck und Wien aus. Ganz anders dagegen Schwenningen, das auf eine bäuerlich-handwerkliche Tradition zurückblickt, einen eher dörflichen Charakter hatte und sich erst im 19. Jh. zu einem bedeutenden Zentrum der Uhrenindustrie entwickelte.

Obwohl Villingen so gar nichts mit dem Neckar zu tun hat, starten viele Neckartal-Radfahrer ihre Fahrt zum Rhein in **Villingen** 1, da das mittelalterliche Zentrum vom Villingen so wunderbar erhalten ist. Vom Bahnhofsvorplatz in Villingen sind es nur wenige Schritte ins historische Zen-

Villingen – romantische Altstadtgasse mit Oberem Tor.

trum: Einmal über die Brigach, die im Osten am Zentrum vorbeifließt, und schon ist über die Paradiesgasse das ellipsenförmige Zentrum erreicht. Die Zähringerstadt hat eine nahezu intakte Stadtmauer mit imposanten Wehr- und Tortürmen, malerischen Fachwerkhäusern, repräsentativen Bürgerhäusern, romantischen Gässchen und zum Verweilen einladenden Plätzen. Auf der Karte gut erkennbar ist der ehemalige Stadtgraben, der sich heute als Grünanlage entlang der Stadtmauer um die Stadt zieht.

Und dann lohnt sich vor dem Aufbruch zur Neckarquelle noch der Schlenker zum Hausberg der Villinger, dem **Magdalenenberg** 2, am besten zu Fuß auf dem **Keltenpfad** ab dem Franziskanerkloster. Dort erwartet einen nicht nur eine tolle Aussicht auf die Gipfel Schwarzwalds, den Steilabfall der Schwäbischen Alb und die Hochebene der Baar, sondern auch der größte eisenzeitliche Grabhügel Mitteleuropas.

Auftakt: Zum Neckarursprung und zur Neckarquelle

Startpunkt in **Villingen** ist der Bahnhofsvorplatz, hier finden sich erste Wegweiser des Neckartal-Radwegs. Mit dem Bahnhofsgebäude im Rücken halten wir uns rechts, fahren in einer Spirale hoch auf die Fußgän-

Highlight am Wegesrand

❶ Villingen

Zähringerstadt an der Brigach

In Villingen begeistert der hervorragend erhaltene mittelalterliche Altstadtkern. Die Stadt wurde ab 1119 auf Geheiß von Herzog Berthold III. auf dem Reißbrett entworfen, 1294 erhielt sie das begehrte Stadtrecht. Typisch für die Zähringer-Städte ist der Grundriss in Form eines Kreuzes: In der Mitte der Marktplatz, an den Enden der vier Hauptachsen jeweils ein Stadttor. Berthold III. legte auch den Grundstein zum romanischen, später gotisierten Münster Unserer Lieben Frau. Sie war die „Leutkirche" der Stadt – die Kirche für jeden Bürger.

Die noch weitgehend erhaltene Stadtmauer stammt aus dem 13. Jh., versehen mit Stadttoren und Wehrtürmen. 1283 erhielten die Fürstenberger Villingen von Kaiser Rudolph von Habsburg als Reichslehen, verkauften die Stadt aber schon 1326 für 7.500 Mark an die Österreicher, bei denen sie bis 1797/1803 blieb. 1805 ging die Stadt an Württemberg und 1806 an Baden

Villinger Glockenspiel
Im Turm des Münsters befindet sich eines der größten Glockenspiele Süddeutschlands, das mit seinen 51 Glocken an die Tradition der bedeutenden Glockengießer-Dynastie Grüninger erinnert. 200 Jahre nach dem Verlust des Glockenspiels in der Benediktinerkirche wurde es neu geschaffen. Täglich ertönt es um 10.05 Uhr, 12.05 Uhr, 15.05 Uhr und 18.05 Uhr.

Lohnenswerter Schlenker

Magdalenenberg

❷ Keltengrab

Der aussichtsreiche, 769 m hohe Hausberg der Villinger wurde durch den Fund des größten Grabhügels Mitteleuropas berühmt: Unvorstellbare 46.000 m³ Erde und Steine hatten keltische Sklaven um 500 v. Chr. (Hallstattzeit) in geflochtenen Reisigkörben hinaufgeschleppt, um einer Herrscherperson diesen 8 m hohen Grabhügel mit einem Durchmesser von 140 m zu errichten. Später wurden hier weitere 120 Frauen, Männer und Kinder bestattet.

Der Berg war aber auch eine Richtstätte, ein Hexentreffpunkt und der Standort einer Kapelle. Die Magdalenenkapelle steht allerdings schon lange nicht mehr. Und bei Föhn und an klaren Wintertagen leuchten in der Ferne die verschneiten Gipfel der Alpen.

Keltenpfad
In der Südstadt beginnt in der Magdalenenbergstraße der 2,7 km lange „Keltenpfad", der das Franziskanermuseum und den Magdalenenberg verbindet. Der Fußweg mit Infotafeln ermöglicht eine Umrundung des Grabhügels.

Franziskanermuseum
Das Franziskanermuseum in der ehemaligen Klosteranlage des Franziskaner-

ordens hat drei Abteilungen: Die Stadtgeschichte von den Anfängen bis heute, eine sehenswerte Schwarzwaldsammlung und das Keltische Fürstengrab vom Magdalenenberg.

Das Museum zeigt die originale Grabkammer (8 × 6,5 m), die dendrochronologisch auf das Jahr 616 v. Chr. datiert wurde, sowie viele weitere Funde. Als Archäologen 1890 am Berg das erste Mal gruben, fanden sie zunächst zu ihrer Enttäuschung nur ein geplündertes Fürstengrab vor. 80 Jahre später folgte dann eine Sensation: Bei den Gräbern von 126 Männern, Frauen, Kinder, die neben dem Fürsten oben begraben wurden, fand man einzigartige Beigaben, die die Fundstelle zu einer der bedeutendsten Fundorte der Eisenzeit in Süddeutschland machte, denn sie geben einen detailreichen Einblick in die Welt der frühen Kelten. *www.franziskanermuseum.de*

ger- und Radfahrerbrücke, queren die Gleisanlagen und halten uns vor dem Zeit-Uhren-Kunstwerk rechts. Die Radwegschilder leiten aus dem Stadtgebiet hinaus Richtung Schwenningen. Nach Passieren der ungewöhnlichen Wohnsiedlung Rundling (die tatsächlich so rund ist wie ihr Name es suggeriert) bietet sich der kurze Abstecher zum **Aussichtsturm auf der Wanne** 3 (siehe Roadbook) an. Der östlich des Stadtzentrums gelegene 776 m hohe Berg wird seit über 130 Jahren von einem 30 m hohen Turm mit drei Plattformen gekrönt – 150 Stufen führen hinauf. Der Turm ist einer der ältesten Stahlfachwerktürme der Welt und wurde von einer Villinger Glockengießerei gefertigt.

Weiter geht es ins **Naturschutzgebiet Schwenninger Moos** 4 mit dem eigentlichen Neckarursprung. Im Schwenninger Moos wurde lange Torf gestochen und das Moor zu diesem Zweck über Gräben entwässert. Ein mit Infotafeln versehener und zum Teil auf Bohlen geführter **Rundweg**

(mit dem Rad befahrbar) erschließt das Kerngebiet des inzwischen wieder vernässten Regenmoors auf der Baar. 1934 wurde im Schwenninger Moos der seither als Neckarursprung bezeichnete „Neue Moosweiher“ ausgestochen und daneben ein Schild mit der Aufschrift „Des Neckars Ursprung“ aufgestellt.

Der Radweg verläuft etwas östlich des Feuchtgebietes, passiert wenig später den Bauchbergweiher, in den der Moosbach fließt. Rechts sieht man auf Höhe des Weihers eine kleine rekonstruierte Steinzeitsiedlung, die ursprünglich für die Landesgartenschau angelegt wurde und nun vom BUND betrieben wird.

Wenig später erreichen wir die **Möglingshöhe.** Hier im Schwenninger Stadtpark ließ 1581 Herzog Ludwig einen Stein aufstellen, mit dem die Quelle festgelegt wurde. Seit der Landesgartenschau 2010 gibt es hier einen

4 *Highlight* am Wegesrand

Schwenninger Moos

Neckarursprung

Das Feuchtgebiet mit dem Neckarursprung zählt zu den schönsten Mooren im Naturpark Südschwarzwald. Das größte erhaltene Moor auf der Hochfläche Baar entstand vor 4.000 Jahren in einer flachen Senke auf der Hauptwasserscheide zwischen den Einzugsgebieten von Rhein und Donau: Der im Norden des Moors als Moosbach entspringende Neckar strömt dem Rhein zu, während der Talbach, der das Moor im Südwesten verlässt, der Brigach und damit der Donau zufließt.

1763 begann man, das Feuchtgebiet zu entwässern und großflächig abzutorfen, seit 1982 wird das Gebiet wieder künstlich vernässt, um wieder einen naturnahen Zustand zu erreichen. Am Schwenninger Moos führt eine bedeutende Vogelzuglinie entlang, das Naturschutzgebiet ist daher Teil des europäischen Vogelschutzgebietes „Baar“. Im Umweltzentrum Schwarzwald-Baar-Neckar findet man eine interessante Dauerausstellung über das Regenmoor.

Ein 3,5 km langer Rundweg mit informativen Tafeln führt um das Schwenninger Moos, um das Kerngebiet auf einem Bohlenweg.

Wissenswertes im Gepäck

Wo finde ich die Neckarquelle?

Die scheinbar leichte Frage lässt sich nicht so einfach beantworten, gibt es doch keine Quelle im eigentlichen Sinne, sondern nur ein „Quelleinzugsgebiet“ im Schwenninger Moos, das unzugänglich ist und nicht betreten werden darf.

Die „Neckarquelle“ legte 1581 Herzog Ludwig im heutigen Stadtpark Möglingshöhe fest, indem er einen Stein mit der Aufschrift *„Hier errichtete Herzog Ludwig von Württemberg 1581 einen Stein mit der Inschrift – Das ist des Neccars Quelle*“ aufstellen ließ. Der historische Quellstein befindet sich inzwischen im Heimatmuseum, eine Kopie am Originalstandort.

Die Quelle versiegte 1895 und wurde anlässlich der Stadterhebung von Schwenningen 1907 neu gefasst. 1934 wurde willkürlich das Schwenninger Moos als Neckarursprung bestimmt, 1981 dann die Quelle wieder an ihrem historischen Ort zum Fließen gebracht. Eine elektrische Pumpe förderte aus einem Quellschacht Wasser nach oben.

Anlässlich der Landesgartenschau 2010 setzte man in der Nähe des historischen Standortes einen neuen Quellstein. Zur Freude der Einheimischen und der Neckartal-Radfahrer wurde der Fluss im Stadtgebiet in ein neues offenes Bachbett verlegt. Mit dieser Maßnahme konnte gleichzeitig der Hochwasserschutz verbessert werden.

neu errichteten **Neckarquellstein.**

Auf geht’s Richtung Rhein

Von der Neckarquelle folgen wir dem erst anlässlich der Landesgartenschau 2010 angelegten Stadtpark, queren nach dem Ostbahnhof ein erstes Mal den jungen Neckar und folgen ihm nun auf seiner linken Seite durch das Stadtgebiet der **Uhrenstadt Schwenningen**. Obwohl Schwenningen schon 817 erwähnt wurde, bekam es erst 1830 das Marktrecht und wurde erst 1907 zur Stadt erhoben. In Schwenningen, das am Rand des Mittleren Schwarzwalds liegt, fand 2010 die Landesgartenschau statt, seitdem ist der gesamte Flussbereich vom Naturschutzgebiet Schwenninger Moos bis zum Bahnhof eine attraktive Parklandschaft.

Der Radweg führt zum Flugplatz Schwenningen-Ost, auf dessen Nordseite die Flugzeuge des **Internatio-**

Schwenningen

Wie kontrolliere ich Nachtwächter?

Man mag es kaum glauben, aber Schwenningen war im 19. Jh. die größte „Uhrenstadt" der Welt, die hier ansässige Uhrenfirma Kienzle (gegründet 1822) ist sogar eine der ältesten deutschen Uhrenmarken überhaupt. In Schwenningen gab es zeitweise mehrere Hundert kleine, mittlere, aber auch große Uhrenhersteller, teilweise mit mehreren Tausend Beschäftigten.

Bahnbrechend war die Erfindung der tragbaren Kontrolluhr durch Johannes Bürk, der 1855/58 in Schwenningen die **Württembergische Uhrenfabrik** gründete und durch industrielle Produktionsmethoden den Grundstein der württembergischen Uhrenindustrie legte: Nun wurden nicht mehr wie bisher alle Uhren in Handarbeit gefertigt. 100 Jahre lang prägte die Uhrenfabrik Bürk die Geschehnisse der Stadt. Aus einem 600-Einwohner-Dorf wurde ab Mitte des 19. Jhs. der größte Uhrenproduktionsstandort der Welt.

Neben gewöhnlichen Uhren machte sich Bürk mit Zeiterfassungsgeräten aller Art einen Namen. Zunächst waren es die Nachtwächter-Kontrolluhren, durch die die Anwesenheit der Wächter zu bestimmten Zeiten dokumentiert und damit überwacht werden konnte. Diese Bürk-Wächterkontrolluhr Universal Nr. 50 wurde von 1912 bis 1996 hergestellt. Zu Exportschlagern wurden aber Bürks Stechuhren.

Heute beherbergt die historische Württembergische Uhrenfabrik das **Lebendige Uhrenindustriemuseum**. In der Erlebniswelt entstehen noch heute die Teile des Schwenninger Museumsweckers, seit 1994 wird hier als letzte Produktionsstätte in Europa ein einfacher mechanischer Doppelglockenwecker im historischen Maschinensaal produziert.
Bürkstraße 39
www.uhrenindustrie museum.de

Heimat- und Uhrenmuseum
Im einstigen Lehrerhaus, einem der ältesten Fachwerkhäuser der Stadt aus dem 18. Jh., befindet sich das Heimatmuseum, das den Schwerpunkt auf der Heimat- und Kulturgeschichte Schwenningens und der Umgebung legt. Sehenswert sind auch die Bauernstuben. Die Hellmut-Kienzle-Uhrensammlung zeigt zudem Höhepunkte der lokalen Uhrengeschichte. Auf Anfrage hin geöffnet.

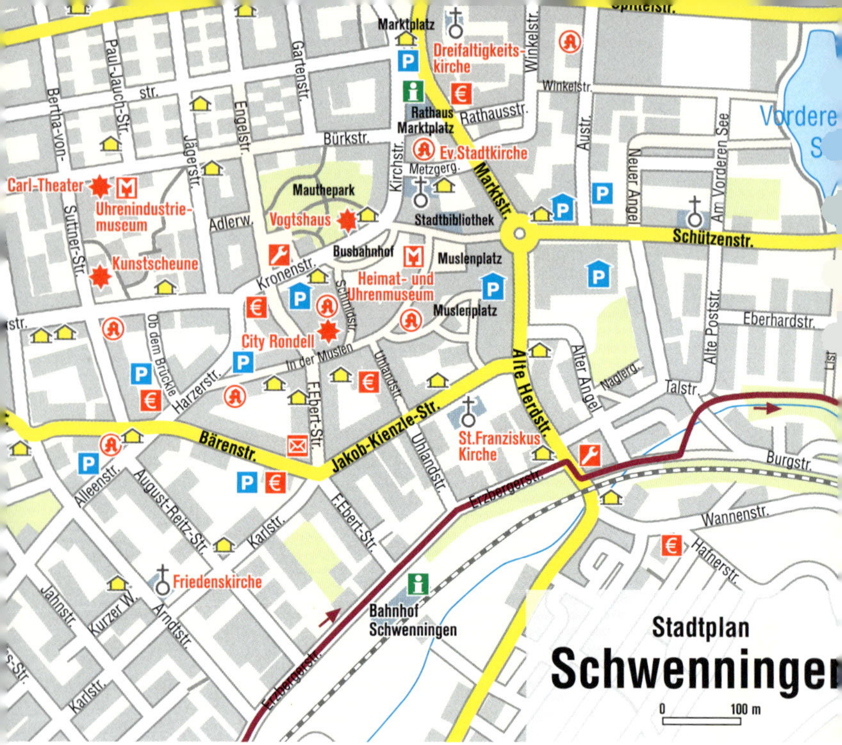

nalen Luftfahrtmuseums Schwenningen 5 (siehe Roadbook) zu sehen sind. Am Rand des Flugfeldes lassen sich rund 40 Flugzeuge bestaunen, darunter auch einige, die noch flugfähig sind. Gründer des Museums war Manfred Pflumm, der bis dahin Flugzeuge restauriert und im Maßstab 1:1 nachgebaut hatte. Der Museumsgründer ist bemüht, immer wieder neue Exponate zu erwerben und auszustellen. Für alle Technikbegeisterten ein durchaus lohnender kurzer Abstecher vom Radweg!

Ab dem Flugplatz folgt ein autofreies Wegstück, dass zwischen dem Neckar und dem Flugplatz verläuft. Vom Flugplatzareal geht es in den Schopfelenwald zum **Bahnhof Trossingen.** Dieser liegt 4 km vom eigentlichen Ort entfernt im Neckartal. Bereits im ausgehenden 19. Jh. ließen sich die Trossinger eine Zubringerbahnstrecke bauen. Die historische Trossinger Eisenbahn, das „Bähnle", verkehrt heute allerdings nur noch als Museumszug. Vom Bahnhof lohnt sich der Abstecher nach **Trossingen** 6, die „Stadt der Musik" auf der Baar. Viele werden die Hohner Mundharmonika kennen, die wenigsten werden wissen, dass sie in Trossingen hergestellt und in alle Welt exportiert wurden –

Trossingen

Vom Allemannendorf zur „Stadt der Musik“

Was den Schwenningern ihre Uhren sind, sind den Trossingern ihre Mundharmonikas. Zeitgleich mit der Blütezeit Schwenningens wurden im 19. Jh. aus Trossingen Matthias Hohners Mundharmonikas in alle Welt exportiert und zum Inbegriff für Wertarbeit „Made in Germany“. Die Instrumente waren besonders in Nordamerika beliebt, die Siedler in den Prärien ließen sie am Lagerfeuer erklingen. 1923 wurden in Trossingen die unvorstellbare Menge von 33 Millionen Hohner Mundharmonikas produziert (von 50 Mio. weltweit) – viele namhafte Musiker wie Bob Dylan spielten ab den 1960er-Jahren auf einer Hohner.

Auf eine Zeitreise durch die „musikalische“ Geschichte Trossingens lädt das **Deutsche Harmonikamuseum Trossingen** ein. Ausgestellt werden 25.000 Mundharmonikas aus aller Welt, dazu Akkordeons, Harmonien, Maultrommeln u.v.m.
Hohnerstraße 4/1
www.harmonika-museum.de

Spektakulärer Zufallsfund beim Spielen
1909 hatten sich Kinder an einem Hang unweit der Oberen Mühle eine Rutschbahn gebaut. Eines riss sich dabei die Hose auf, denn es war an mehreren, aus der Erde ragenden Knochen hängen geblieben. Die Kinder brachten den größten Knochen ihrem Lehrer, der den ungewöhnlichen Fund an das Stuttgarter Königliche Naturalienkabinett schickte. Schnell wurde klar, dass es sich um eine Sensation handelte. 1911 fand man bei Grabungen einen kompletten „vorsintflutlichen“ Saurier, einen *Plateosaurus engelhardti*, der im Stuttgarter Naturalienkabinett ausgestellt wurde. *Plateosaurus engelhardti* ist einer der ersten Prosauropoden – Vorläufer der späteren, riesigen Langhalssaurier. Sie lebten vor rund 212 Millionen Jahren und waren reine Pflanzenfresser. 4 bis 10 m lang, hatten sie ein Gewicht zwischen 600 kg und 4 t.

Museum Auberlehaus
Das Museum in einem historischen Bauernhaus von 1718 zeigt nicht nur den Trossinger Saurier, sondern auch viele weitere Skelette. Dazu kommen Abteilungen zu den Themen Naturräume, Stadtgeschichte und Alemannen, Wohn- und Arbeitsbedingungen im 20. Jh. sowie Sonderausstellungen.
Marktplatz 6
www.museum-auberlehaus.de

Das Schwarze Tor in Rottweil.

in Millionenstückzahl. Das **Museum Auberlehaus** 6 in der ehemaligen Gastwirtschaft „Zum Lamm“ zeigt Dinosaurierskelette, die in Trossingen gefunden wurden.

Wieder zurück am Bahnhof geht es über die Felder nach und durch **Deißlingen**. Der alte Ort im oberen Neckartal liegt an der Deutschen Uhrenstraße, zur Gemeinde gehört inzwischen auch der Nachbarort Lauffen. Im Deißlinger Rathaus befindet sich als Dauerausstellung ein **Uhrenkundliches Museum**. Ein römisches Bad, das man unter der Kirche fand, erinnert daran, dass der Ort schon zu Römerzeiten besiedelt war.

In Deißlingen wird der Neckar gequert, Richtung Südosten erhebt sich der 1.000 m hohe Heuberg, der zur schwäbischen Alb gehört und das Neckartal vom Donautal trennt. Landschaftlich schön radelt man mit Blick auf die Schwarzwaldhügel bei Rottweil. Dann ist die alte Stadt Rottweil erreicht, die westlich der ersten von unzählig folgenden Neckarschleifen liegt. Auf dem Weg in die Altstadt führt der Radweg an den Ruinen des „Römerbades“ vorbei.

Rottweil 7, die älteste Stadt Baden-Württembergs, begeistert mit einem der schönsten Altstadtkerne am Neckar. Wie bei Freiburg im Breisgau und Villingen stand auch hier bei der Anlage der Stadt das „Zähringer Kreuz“ Pate: Das Straßenkreuz Hauptstraße und Hochbrücktorstraße unterteilte die spätmittelalterliche Altstadt in vier Teile. Die freie Reichsstadt war einst durch Kornhandel – vor allem mit der Schweiz – zu Wohl-

Rottweil

Stadt der Türme

Die Stadtgründer hatten sich eine strategisch günstige Lage auf einem Felsenplateau oberhalb einer Neckarschleife ausgesucht, das auf drei Seiten durch steile Hänge und Schluchten begrenzt war. So konnte die Stadt im Mittelalter gut verteidigt werden. Heute verbinden zwei Brücken und ein Damm den historischen Stadtkern mit den später entstandenen Vorstädten.

Der mittelalterliche Stadtkern von Rottweil ist hervorragend erhalten – typisch für die Rottweiler Altstadt sind die traufständigen Bürgerhäuser mit ihren Erkern und Krangiebeln. Die meisten dieser schönen Häuser stehen in der Hauptstraße sowie in der Hochbrücktorstraße. Wer die Altstadt durch das Schwarze Tor betritt, befindet sich unmittelbar in der mittelalterlichen Kulisse wieder. Erhalten sind bis heute 52 Häuser aus dem 13. bis 15. Jh. Überragt werden die Häuser vom Heilig-Kreuz-Münster, der Kapellenkirche mit dem berühmten Turm, der Predigerkirche und der Lorenzkapelle. Zu den Sehenswürdigkeiten zählen das in einem Renaissancehaus zu besichtigende Stadtmuseum und der im gleichen Stil erbaute Rathaussaal im gotischen Rathaus.

Von der eindrucksvollen **Stadtbefestigung** blieben der Hochturm, der Pulverturm, Reste des Predigerturms, das innerstädtische Schwarze Tor sowie die Hochbrücke erhalten. Der 54 m hohe Hochturm stammt aus der Stauferzeit, war Gefängnis und Wachturm und bietet heute als Aussichtsturm einen schönen Blick auf die Dachlandschaft der Stadt, die umliegenden Dörfer und die Schwäbische Alb. Davor liegen allerdings 187 Stufen… Den Schlüssel erhält man in der Tourismusinformation in der Hauptstraße 21.

Stadt des Salzes

Das Salinenmuseum erinnert daran, dass Rottweil einst eine bedeutende Salzstadt war. Erst 1969 erloschen die Feuer unter den Siedepfannen für immer. Engagierte Bürger gründeten daraufhin das **Salinenmuseum Unteres Bohrhaus.** Hier wird die Siedesalzgewinnung in Originalgebäuden anhand von Originalgeräten, einem Wasserrad und zwei Solepumpen anschaulich dokumentiert. Weitere Themen sind die Geologie, das Badewesen in Rottweil und die Bedeutung der Königlichen Saline Wilhelmshall.

Unteres Bohrhaus 1
www.salinenmuseum-rottweil.de

stand gekommen, an vielen Häusern sieht man noch den vorragenden Zwerchgiebel mit dem Aufzug in den Dachboden.

Die Altstadt mit ihren von Erkern geschmückten Bürgerhäusern, den geschmiedeten Stechschildern und zahlreichen Kirchen bildet die Kulisse für die **Rottweiler Fasnet**, die zu den ältesten und traditionsreichsten der schwäbisch-alemannischen Richtung zählt.

Schon beim Spaziergang durch die historische Altstadt taucht im Nordwesten wie ein Ufo der Testaufzug von Thyssen-Krupp auf, der im Gewerbegebiet Berner Feld tief unten im Neckartal liegt. Er ist sowohl architektonisch, als auch technisch interessant und fast schon ein Pflichtprogrammpunkt in Rottweil. Der **TK Elevator** **8** bietet von seiner Aussichtsplattform einen einzigartigen Blick auf die Dächerlandschaft der Stadt, aber auch weit ins Umland.

Der spektakuläre, 246 m hohe Testturm wurde speziell für den Test innovativer neuer Aufzugtechnik entwickelt und gebaut. In den zwölf Schächten innerhalb des Turms, der einen Durchmesser von 21 m hat, können Ingenieure neu entwickelte Aufzüge mit schwindelerregenden Geschwindigkeiten von bis zu 18 m/s testen. Drei Schächte mit einer Höhe von 100 m sind für das Testen des MULTI-Systems vorgesehen, bei dem mehrere Aufzugskabinen gleichzeitig mit Magnet-

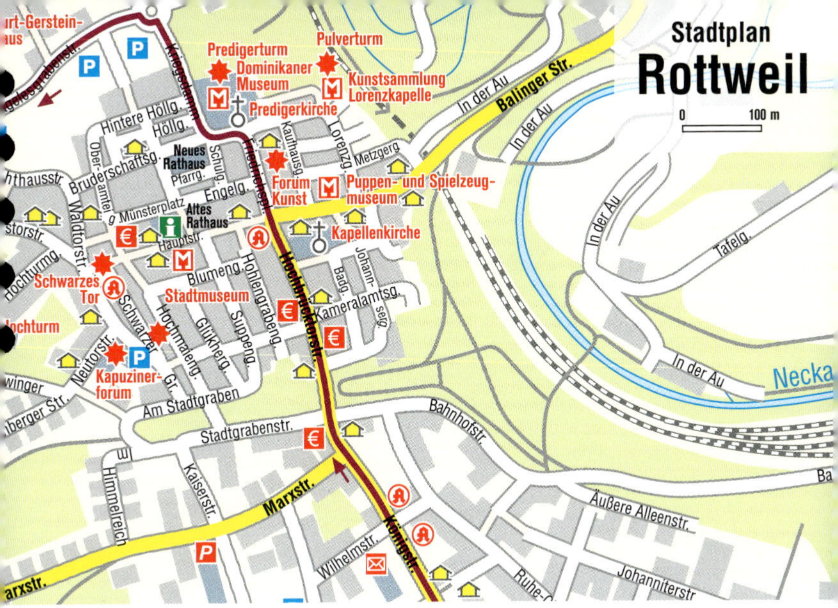

TK Elevator

Die Zukunft führt hoch hinaus

schwebebahntechnik transportiert werden können. Thyssenkrupp Elevator eröffnete den weißen Turm 2017 im Rottweiler Industriegebiet Berner Feld, um so seine Hochgeschwindigkeitsaufzüge zu testen und zu zertifizieren, hier wurde außerdem der weltweit erste seillose Aufzug entwickelt. Für das Design des Turmes zeichnete Stararchitekt Helmut Jahn verantwortlich. Dieser plante von Anfang an eine Besucherplattform in 232 m Höhe mit – die höchste Besucherplattform in Deutschland. Nur 30 Sekunden dauert die Fahrt hinauf. Das 360°-Panorama ist atemberaubend und reicht an klaren Tagen bis zu den Schweizer Alpen.

Für die Anfahrt verlässt man die Altstadt über die Hauptstraße und folgt der Balinger Straße hinunter ins Neckartal. *https://testturm.tkelevator.com/global-de/*

Wissenswertes im Gepäck

Rottweiler Narrensprung

Eine Stadt im Fasnet-Rausch

Am Fastnachtsmontag und Fastnachtsdienstag warten Tausende von Zuschauer ungeduldig auf den Glockenschlag, der jeweils um 8 Uhr sowie am Dienstag zusätzlich um 14 Uhr den Beginn der großen Umzüge, der „Narrensprünge", ankündigt. Angeführt von Reitern mit Reichsstadtstandarte strömen wild herumhüpfende, laut rufende und Peitschen knallende Narren durch das Schwarze Tor und ziehen mehrere Stunden lang an den Zuschauern vorbei durch die historische Innenstadt zum Friedrichsplatz.
www.rottweil.de

Essen, Trinken & Durchatmen

Ein kulinarischer Abzweig

Auf der Speisekarte des **Restaurant Waldeslust** unweit des Neckarursprungs im Schwenninger Moos findet man deutsche und griechische Gerichte. Die Terrasse lädt im Sommer nach der Umrundung des Schwenninger Moos zur Einkehr ein.

Restaurant Waldeslust
Moos 6
78056 Villingen-Schwenningen
Tel. +49 7720 966 98 27
www.restaurant-waldeslust-villingen-schwenningen.de

An die historische Villa des Direktors der Pulverfabrik Rottweiler, Max von Duttenhofer, erfolgte ein gläserner Anbau, in dem sich heute die **VILLA Rottweil** befindet. Es gibt eine Mittags- und Abendkarte, die Gerichte kommen aus der deutsch-französischen Küche.

VILLA Rottweil
Königstraße 1
78628 Rottweil
Tel. +49 741 94 20 20-0
www.villa-rottweil.de

Enges Tal

Das Neckartal bei Sulz am Neckar.

7 Schlenker & Highlights

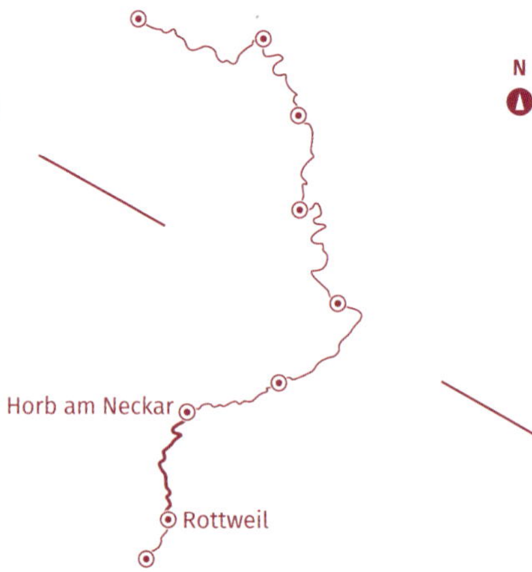

48 **km**

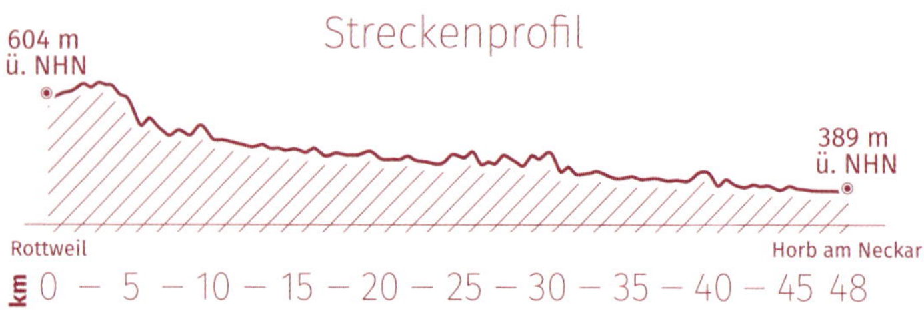

Zwischen Sulz und Horb vollzieht der Neckar einen markanten Richtungswechsel. Statt nach Norden fließt er nun für 75 km nach Nordosten; der Grund für den markanten Richtungswechsel ist das harte Gestein.

Der Neckartal-Radweg verlässt die Altstadt von Rottweil im Nordwesten und bleibt auf der Höhe über dem schluchtartig eingetieften Neckartal, das so steil ist, dass dort weder Straßen noch eine Bahntrasse gebaut werden konnte. Rechts schaut man auf die im Tal am Neckar gelegene ehemalige Pulverfabrik, heute eine beliebte Eventlocation, dahinter erhebt sich der futuristische Test-Aufzugsturm.

Nach dem Blick auf die technische Zukunft folgt der Blick in die (geologische) Vergangenheit. Der Radweg führt auf einem aussichtsreichen Feldweg hoch über dem Flusstal zum **Umlaufberg** „Bergle" und zum Wanderparkplatz Neckarburg beim gleichnamigen Hofgut. Die Abfahrt ins Neckartal könnte schöner nicht sein. Von der Höhe auf 625 m leitet der Radweg an Wacholderheiden vorbei in den Talgrund zu Füßen der Ruine der Neckarburg auf 520 m.

Zwischen den beiden eindrucksvollsten **Umlaufbergen** des Neckars – dem „Bergle" und dem geschichtsträchtigen „Schlossberg" mit den Ruinen der **Neckarburg** und der Michaelskapelle – scheint die Zeit stehen zu bleiben. Rund um das Hofgut Neckarburg finden sich ausgedehnte Schluchtwälder und Wacholderheiden – die größten außerhalb der Schwäbischen Alb.

Die fotogene Ruine der im 8. Jh. gegründeten Höhenburg wurde später zu einem Renaissance-Schloss ausgebaut, aber um 1580 aufgegeben. Das Hofgut Neckarburg wurde zu Beginn des 18. Jhs. errichtet und ist ein ma-

Wissenswertes im Gepäck

Bergle und Schlossberg

Eindrucksvolle Umlaufberge

Der Umlaufberg Bergle – das grüne Band zeichnet den Verlauf des alten Neckars nach.

Ein Umlaufberg ist ein deutlich erhöhtes Gelände innerhalb eines Talmäanders, der nach dem Durchbruch eines Flusses zurückbleibt. Die berühmten Umlaufberge im oberen Neckartal liegen nördlich von Rottweil am Radweg. Der Neckar hat sich hier schluchtartig rund 150 m tief in die umliegenden Muschelkalkschichten mit steilen Prallhängen und flachen Gleithängen eingeschnitten. Durch Seitenerosion verstärkte sich die Tieferlegung immer mehr, bis die Neckarschlinge an der engsten Stelle vom Wasser durchbrochen werden konnte. Der so entstandene Umlaufberg Bergle führte durch die Verlegung der Fließrichtung des Neckars zu einer weiteren Fluss-Schlinge um den „Schlossberg“.

lerisches Ausflugsziel mit schönem Biergarten. Von hier aus starten auch die ausgeschilderten Wanderwege zur Neckarburg sowie zur hölzernen Neckarbrücke unmittelbar unterhalb der Ruine, die im April 2021 einem verheerenden Feuer zum Opfer fiel. Eine Umleitung ist bis zu einem Neubau ausgeschildert.

Romantische Fahrt durchs Obere Neckartal

An einem Wasserwerk spendet ein Brunnen Erfrischung, im Schatten alter Laubbäume folgt der Radweg dem Neckar, unterquert die beinahe 100 m hohe und auf die Entfernung fast schon filigran wirkende Brücke der Bodensee-Autobahn und erreicht entlang des leise plätschernden Neckars die ehemalige Flößerstelle. Hier banden die Flößer früher dicke Baumstämme zusammen und flößten sie flussabwärts. Die Stelle liegt zu Füßen des von den wenigen Resten der einstigen Höhenburg Hohenstein bekrönten Bergkegels. Oberhalb einer weiteren alten Neckarschlinge sieht man das denkmalgeschützte Hofgut Hohenstein, das schon im Vorderen Odenwald liegt.

Nach dem Linksbogen verläuft der Radweg wieder unmittelbar am Fluss, rechts sind die Tierstein-Felsen zu sehen, links kommt die Ruine der Nussburg in Sicht. Wir sind in **Talhausen,** einem Ortsteil von Epfendorf. Auf Höhe der Nussburg wechselt der Radweg ans andere Ufer. Links ist nun auch die Burgruine Herrenzimmern in einem Seitental des Neckars zu sehen. Doch schon kurz nach der Einmündung des Schlossbaches in den Neckar wechseln wir wieder ans linke Ufer und radeln zwischen Fluss und den Gleisen der Gäubahn durch die Talwiesen nach **Epfendorf**.

Die größte Sehenswürdigkeit des Ortes ist die **Schlichemklamm** 9 . Vor allem bei hoher Wasserführung ist die Schlichemklamm ein echtes Naturschauspiel. In vielen kleinen Katarakten schäumt das Wasser über die Stufen des Muschelkalks. Durch die Schlichemklamm führt ein schmaler, erdbefestigter Pfad, der streckenweise gute Trittsicherheit erfordert, am Ende des Wegs liegt die Burgruine Irslingen. Den Wanderweg erreicht man über die erste Brücke über den Neckar am Ortsbeginn von **Epfendorf.**

Ohne direkte Ortsberührung bleibt der Radweg jedoch in den Wiesen und Gehölzen zwischen Bahngleisen und Fluss, überquert den Neckar unterhalb des Bergkegels, auf dem die Ruine der Schenkenburg über dem schluchtartigen unteren Schenkenbachtal thront, hält auf den sich über Streuobstwiesen erhebenden Kreuzberg von Altoberndorf zu und erreicht die Fastnachtshochburg **Oberndorf**.

Die lang gezogene Stadt liegt im hier sehr engen und schmalen Neckartal zwischen Schwarzwald und Schwäbischer Alb und ist eine Hochburg der schwäbisch-alemannischen Fastnacht. Ähnlich wie in Rottweil wird auch hier die Fasnet zwischen dem „Schmotzigen Donnerstag" und dem Fasnachtsdienstag mit einem großen Narrensprung gefeiert. In den barocken Gebäuden des früheren Augustinerklosters findet man eine sehenswerte Klosterkirche, ein Heimatmuseum und ein Waffenmuseum, denn in Oberndorf gab es ab 1811 die Königlich-Württembergische Waffenfabrik. Auch in **Oberndorf** bleibt man außerhalb der Stadt, die fast nahtlos in die ersten Straßen des Oberndorfer Ortsteils Aistaig übergeht. Am Fuß bewaldeter Steilhänge führt der Radweg am kleinen Stausee Aistaig vorbei. Nun folgt ein landschaftlich sehr schöner, etwas hügeliger Abschnitt durch oder entlang des Waldes abseits von Straßen – hoch oben ragen schroffe Felsen und Kalktürme aus dem Wald. Der Radweg bringt uns zum Marktplatz von **Sulz am Neckar** 10.

Die Salzstadt liegt im Naturpark Schwarzwald Nord/Mitte und ist ein anerkannter Erholungsort. Vom Mittelalter bis ins 19. Jh. war die Stadt von der Produktion und dem Handel mit dem „weißen Gold" geprägt. Nach

Schlichemklamm

Faszinierendes Naturschauspiel

Die Schlichem ist ein 34 km langer Nebenfluss des Neckars, die Klamm zwischen Epfendorf und Böhringen der wildromantische unterste Abschnitt des Flusstals.

Im Verlauf der Jahrtausende hat die Schlichem in diesem Abschnitt ein steiles, windungsreiches Tal in den Hauptmuschelkalk gegraben und dabei spektakuläre, steile Felswände entstehen lassen.

Die steilen Felswände, Bergstürze, Kaskaden und Flusswindungen zeugen von der Erosionstätigkeit des Flusses im oberen Muschelkalk. Am Ende der Klamm erhebt sich die mittelalterliche Burgruine Irslingen, von der noch sehenswerte Mauerreste vorhanden sind.

Der 35 km lange **Schlichemwanderweg** führt von Meßstetten-Tiering nach Epfendorf und kann in drei Etappen gewandert werden. *www.schlichemwanderweg.de*

In der Schlichemklamm.

zwei verheerenden Stadtbränden 1581 und 1794 erhielt die Altstadt ihr heutiges Aussehen, rund um den Marktplatz findet sich eine hervorragend erhaltene historische Bausubstanz.

Sulz bietet gleich mehrere lohnenswerte Aussichtspunkte hoch über dem Neckartal. Der **Aussichtspunkt Stockenberg** 11 (siehe Roadbook) bietet einen beeindruckenden Tiefblick auf die Sulzer Innenstadt mit der Stadtkirche, wo auch ein lohnenswerter Panoramaweg beginnt. Beim

10 *Highlight* am Wegesrand

Sulz am Neckar

Das weiße Gold

Die Waldhornbrücke in Sulz.

Die Kleinstadt liegt zwischen dem Mittleren Albvorland im Osten und dem Mittleren Schwarzwald im Westen. Für die Stadtgeschichte bedeutend waren die Solequellen, die wahrscheinlich schon die Kelten und Römer genutzt haben. So leitet sich auch der Stadtname vom althochdeutschen Wort *sulza* für Salz ab. Salz prägte vom Mittelalter bis ins 19. Jh. hinein das Leben und die Wirtschaft der Stadt. Zur Blütezeit 1645 lag die Zahl der Beschäftigten bei mehreren Hundert.

1064 gestattete Kaiser Heinrich das Salzsieden in Sulz, der Salzbrunnen und die Siedehäuser zum Eindampfen der Sole befanden sich damals am Marktplatz. Um die Sole vom Marktplatz (Solequelle) zu den Gradierhäusern zu leiten, wurde die Waldhornbrücke gebaut. Erst 1924 wurde die Salzproduktion endgültig eingestellt. In Erinnerung an die frühere Bedeutung der Salzgewinnung aus Sole wird das solarbeheizte **Freibad Susolei** mit Sole gefüllt; es liegt direkt am Neckartal-Radweg – genau das Richtige für müde Knochen!

An die römische Vergangenheit der Stadt erinnert im Stadtteil **Kastell** das **Römerkeller-Museum** (eingeschränkte Öffnungszeiten). Um 75 n. Chr. wurde auf einer Anhöhe über dem Neckar im heutigen Stadtteil Kastell ein Holz-Erde-Kastell errichtet und später in Stein ausgebaut. Neben den Soldaten im Kastell lebten unweit des Kastells auch zivile Siedler, die entlang der von Rottweil kommenden Straße ein schlussendlich 500 m langes Kastelldorf (Vicus) errichteten. Anfang des 2. Jhs. wurde das Kastell aufgegeben. Das Museum dokumentiert die Römerzeit im Lagerdorf.

Im Bürgerbüro erhält man die Broschüre „Historischer Stadtspaziergang in Sulz am Neckar“, an den Gebäuden finden sich zudem Infotafeln.
www.kulturundheimatverein-sulz.de/Roemerkeller/museum.html

Der Neckar bei Fischingen.

Alten Friedhof Sulz am Ortsausgang führt ein kurzer Wanderweg hinauf zu dem im Steilhang gelegenen **Aussichtspunkt Gähnender Stein** auf der rechten Talseite, der ebenfalls einen herrlichen Blick auf die Stadt und das Tal bietet.

Liebestreffpunkt

Vor dem ersten scharf herausmodellierten Prallhang rechts, der Schleifhalde, wechselt der Radweg auf einer Stegbrücke die Flussseite und folgt der Trasse der Gäubahn in den Sulzer Stadtteil **Fischingen**. Er liegt unterhalb der **Burgruine Wehrstein** 12 (siehe Roadbook), auf d er Karl der Große 752 seine schwäbische Frau Hildegard kennengelernt haben soll. Die über 100 m lange Burganlage muss einmal sehr eindrucksvoll gewesen sein, doch auch heute noch lohnen die Ruinen wegen des imposanten Talblicks den Besuch. Vom Dorfzentrum in Fischingen führt ein schmaler Burgweg den Hang hinauf zum Eingang der Ruine.

Der Neckartal-Radweg bleibt auf der linken Uferseite des rechts von steilen Flanken eingefassten Tals und bietet kurz vor der Einmündung der Glatt in den Neckar noch eine historische Kostbarkeit: Wir stoßen auf die 34 m lange **Pfahljochbrücke** gegenüber von **Neckarhausen.** Sie überspannt einen historischen Flussübergang vom Neckartal ins Glatttal. Einzelne Bauteile stammen noch aus dem Jahr 1257. Die Pfahljochbrücke ist eine der ältesten erhaltenen Holzbrücken in Süddeutschland, als Unterbau dienen drei Pfahljoche mit je sechs Eichenpfählen, die 4 m tief im Flussbett stehen.

Kurz darauf erreichen wir beim Abzweig Hohenzollernweg die Einmündung des Glatttals. Wenn es zeitlich passt, empfiehlt sich von hier aus der Abstecher auf dem Hohenzollernweg zum nahe gelegenen **Museumsschloss Glatt** 13, einem der wenigen erhaltenen Wasserschlösser Baden-Württembergs und zugleich eines der ältesten Renaissance-Schlösser Süddeutschlands. Glatt liegt am Ostrand des Schwarzwalds, der Ortsname ist wahrscheinlich vom keltischen Wort *clot* – „klar-glänzendes Wasser" abgeleitet.

Von der Mündung der Glatt in den Neckar führt der Radweg im Grünen durch die Talwiesen am Fuß des bekannten Ausflugsziels Priorberg flussabwärts Richtung Dettingen, das bereits auf dem Gemeindegebiet der Stadt Horb liegt.

Am Ortsrand wechselt der Radweg in die Auen auf der rechten Seite des Flusses, der unterhalb von Dettingen an der Einmündung des Dießenbachs eine markante Rechtskurve vollzieht. Der Radweg folgt der Trasse der Gäubahn auf der Flussseite, oberhalb liegt das Dorf Isenburg an der Ausmündung des romantischen Isenburger Tals. Aussichtsreich und flach geht es weiter Richtung Horb.Der Radweg führt direkt beim Bahnhof mit der **Eisenbahn-Erlebniswelt** vorbei. Hier dreht sich alles um die 175 Jahre alte Geschichte der Eisenbahn, zu sehen sind viele Raritäten, aber auch ein Film im Eisenbahn-Kino. Die Modellbahnschau bietet Anschauungsobjekte für große und kleine Fans der Welt im Maßstab 1:87 (www.eisenbahn-erlebniswelt.de).

Die Pfahljochbrücke bei Neckarhausen.

Wegstrecke von Neckarhausen nach Glatt: 2 km

Lohnenswerter Schlenker 13

Wasserschloss Glatt

Viele Namen

Das komplett in einem Teich stehende dreiflügelige Renaissanceschloss hat vier Ecktürmen und einen in die Schildmauer eingefügten Torturm, es zählt zu den am besten erhaltenen Schlossanlagen in Baden-Württemberg. An der Nordseite liegt ein an drei Seiten von Wirtschaftsgebäuden umschlossener Hof.

Im Hauptgebäude und in der ehemaligen Zehntscheuer finden sich gleich vier Museen: Das Bauernmuseum, die **Galerie Schloss Glatt** sowie das **Adels-** und das **Schlossmuseum**.
Das **Bauernmuseum** in der imposanten Zehntscheuer von 1811 gibt einen Einblick in den Lebensalltag der Bauern im oberen Neckartal, das ländliche Handwerk wird ebenso wie die Arbeit auf den Feldern dokumentiert.

www.schloss-glatt.de

Wenige Radelminuten später ist **Horb am Neckar** 14 erreicht. Die Stadtansicht zählt man zu den schönsten in Deutschland. Das am Schwarzwaldrand gelegene Neckarstädtchen begeistert mit historischem Fachwerkhäusern, Marktplätzen und der sich über den Dächern erhebenden Stiftskirche Heilig Kreuz. Von dort sind es rund 500 m zu Fuß zum **Schütteturm** 15 auf dem Hausberg der Stadt, der Schütte.

Die gute Stube der „Stadt der Kirchen und der Klöster" ist der Ober- und Unterstadt verbindende Marktplatz mit dem Rathaus (1725), auf dessen Fassaden Wilhelm Klink 1925–27 den „Horber Bilderbogen" mit Szenen aus der bewegten Geschichte der Stadt gemalt hat.

14 & 15 *Highlight* am Wegesrand

Horb am Neckar

Stadtansicht vom Feinsten

Mit der Altstadt, die sich vom Neckar hinauf auf ein Muschelkalkriff erstreckt, zählt die Stadtsilhouette von Horb zu den schönsten in Süddeutschland. Von der Unterstadt am Fluss ziehen sich die Häuser einen Bergrücken hinauf in die Oberstadt. Von der Stadtbefestigung blieb die 7 m hohe Stadtmauer auf einer Länge von 4 km sowie mehrere Türme und Tore erhalten, darunter der früher als Hexenturm missbrauchte Luziferturm (Ihlinger Tor), das Wassertor mit dem romantischen Viertel „Klein Venedig" am Mühlkanal und der als Wanderheim dienende Schurkenturm. Der Schurkenturm ist der Bergfried der **Burg Hohenberg**, eine ehemalige Höhenburg, die 1300 an der höchsten Stelle der Stadt und als Teil der Stadtbefestigung gebaut wurde.

Die gute Stube von Horb – der farbenfrohe Marktplatz.

Der **Schütteturm** 15 auf der Schütte ist der oberste Wachturm der Stadt, der später zum Aussichtsturm wurde. Er steht neben der als Wallfahrtsstätte aufgesuchten Ottilienkapelle (1431) und bietet eine tolle Aussicht über das Neckartal hinweg bis zum Schloss Hohenzollern auf der Schwäbischen Alb. Wegen der dort brütenden Turmfalken und Dohlen wird der Schlüssel nur auf Anfrage von der Stadtinfo Horb ausgegeben. Aber schon von der Treppe zur Tür aus hat man eine fantastische Aussicht auf Horb. Vom Marktplatz sind es 500 m hinauf zum Turm. Aus dem frühen 16. Jh. stammt das „Schloss Stuben", eines der wenigen Gebäude, die nicht dem Stadtbrand zum Opfer fielen. Im mehrstöckigen Gebäude wohnte früher eine Tuchhändlerfamilie.

Stocherkahnfahrten auf dem Neckar

Für einen besonders schönen Blick auf eine der schönsten Stadtansichten Deutschlands bietet sich eine Stocherkahnfahrt auf dem Neckar an. Die Fahrten starten am Bootsanlegeplatz im Alten Freibad, bei zu starker Strömung oder zu starkem Wind können sie allerdings nicht stattfinden.

Stadtmarketing Horb
www.horb.de

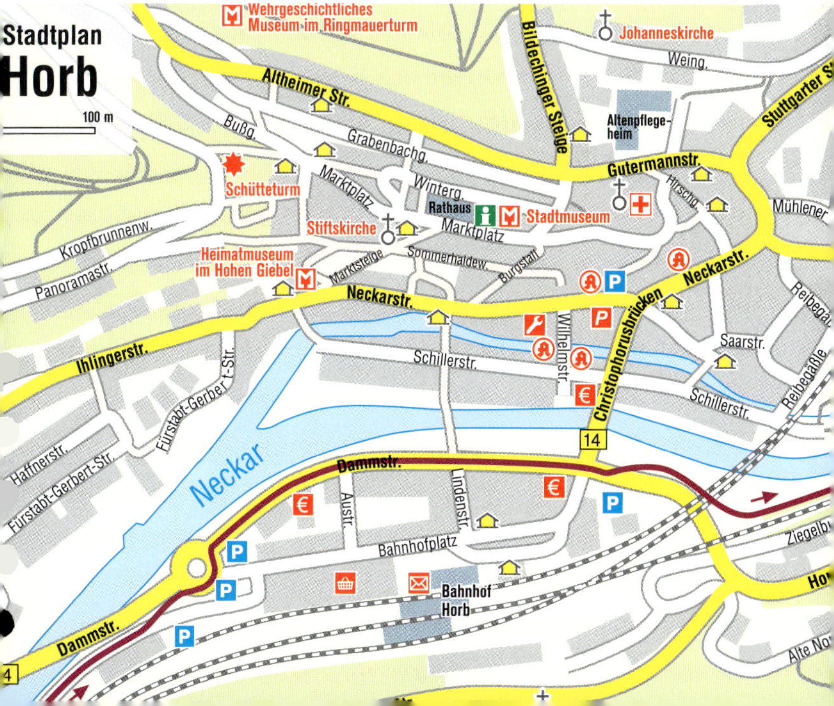

Stadtplan
Horb
100 m
Wehrgeschichtliches Museum im Ringmauerturm
Johanneskirche
Bildechinger Steige
Weing.
Altheimer Str.
Stuttgarter St
Altenpflege-heim
Bußg.
Grabenbachg.
Gutermannstr.
Schütteturm
Marktplatz
Winterg.
Hirschg.
Rathaus
Stadtmuseum
Mühlener
Kropfbrunnenw.
Stiftskirche
Marktplatz
Heimatmuseum im Hohen Giebel
Marktsteige
Sommerhaldew.
Burgstall
Panoramastr.
Neckarstr.
Neckarstr.
Christophorusbrücken
Reibegäß
Ihlingerstr.
Schillerstr.
Wilhelmstr.
Saarstr.
Fürstabt-Gerbert-Str.
Schillerstr.
Reibegäßle
Haffnerstr.
Fürstabt-Gerbert-Str.
Neckar
14
Dammstr.
Austr.
Lindenstr.
Bahnhofplatz
Ziegelb
Bahnhof Horb
Ho
Dammstr.
Alte No
4

Wein und malerische Neckarorte

Rottenburg am Neckar.

3 Schlenker & Highlights

36 **km**

Streckenprofil

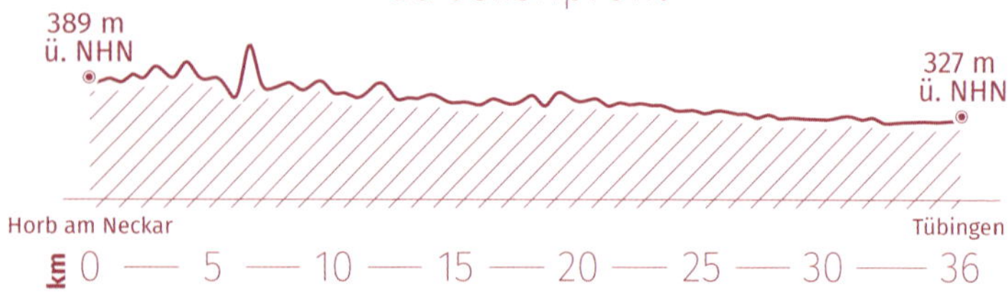

Ab **Horb** folgt der Radweg dem rechten Neckarufer ohne direkte Stadtberührung durchs weitgehend flache Neckartal. Unterwegs sieht man Mühlen am gegenüberliegenden Ufer. Noch einmal wird es links und rechts des Flusses steil, die angrenzenden Berge überragen den Grund des Neckartales oft um über 300 m. Dann unterqueren Fluss und Radweg die sich 200 m über dem Talboden erhebende Brücke der Autobahn A 81, die durch ihre wenigen Stützen fast schon filigran wirkt. Wenig später wird ein weiterer, 50 km langer Nebenfluss des oberen Neckars erreicht: die Eyach.

Auch der nächste Talort, der Starzacher Ortsteils **Börstingen** am linken Neckarufer, wird nicht berührt. Wahrzeichen des Ortes ist **Schloss Weitenburg,** eine eindrucksvolle Anlage mit einem Hotel hoch über dem Neckartal. Unterhalb des Schlosses schneidet der Radweg einen Mäander ab, um den nächsten nach **Sulzau** wieder auszufahren. Dort wird auch nach langer Zeit wieder die Uferseite gewechselt, aber nur bis in den nächsten kleinen Rottenburger Ortsteil Bieringen mit hübschen Fachwerkhäusern.

Nach der Neckarbrücke geht es bis **Obernau** rechts des Flusses entlang, dann wird erneut die Seite gewechselt. Im Ort an der Mündung des Rommelstals gibt es eine Mineralheilquelle – bis Ende des 19. Jhs. gab es sogar einen Badebetrieb, heute wird das Wasser in Flaschen abgefüllt. Wer nostalgisch veranlagt ist, sollte dem historischen Tante-Emma-Laden einen kurzen Besuch abstatten. Das kleine Privatmuseum öffnet jeden ersten Sonntag im Monat seine Türen, man kann aber auch telefonisch einen Termin vereinbaren. Der Eselsturm am Ortseingang, ein spätmittelalterlicher Rundturm aus dem 13. Jh., ist das Einzige, was noch an die einstige Wasserburg erinnert.

Wissenswertes im Gepäck

Hopfen und Wein

Rottenburgs Weinlagen

Rottenburgs Weinlagen finden sich in den verschiedenen Ortschaften, bis ins 17. Jh. war die Stadt ein bedeutendes Weinzentrum. Zeitweise lebte rund die Hälfte der Stadtbevölkerung vom Weinbau, was sich bis heute im historischen Stadtbild spiegelt, etwa im mittelalterlichen Typ des „Rottenburger Weingärtnerhauses“. Bis heute erinnern auch Weinfeste und Besenwirtschaften in den Weinorten an die jahrhundertealte Weinbautradition. Viele Besenwirtschaften (Straußenwirtschaften) in der Stadt und im Umland laden zur Verkostung des eigenen Weins ein.

In der Rottenburger Fasnet sind die Weingärtner in der Figur der „Wengerthexe“ und der Rottenburger „Rebstockhexen“ präsent.

Den zwischenzeitlichen Niedergang des Weinbaus konnten die Rottenburger durch den Anbau von Hopfen wettmachen und wurden überregional für ihr „grünes Gold“ bekannt. Im 19. Jh. wurde die Stadt ein Zentrum des Hopfenanbaus im Königreich Württemberg. Seit den 1960er-Jahren wird allerdings kein Hopfen mehr in Rottenburg angebaut. Eine einzige Pflanze des Rottenburger Hopfens überlebte und wird seit einigen Jahren wieder in Tettnang am Bodensee gezüchtet.

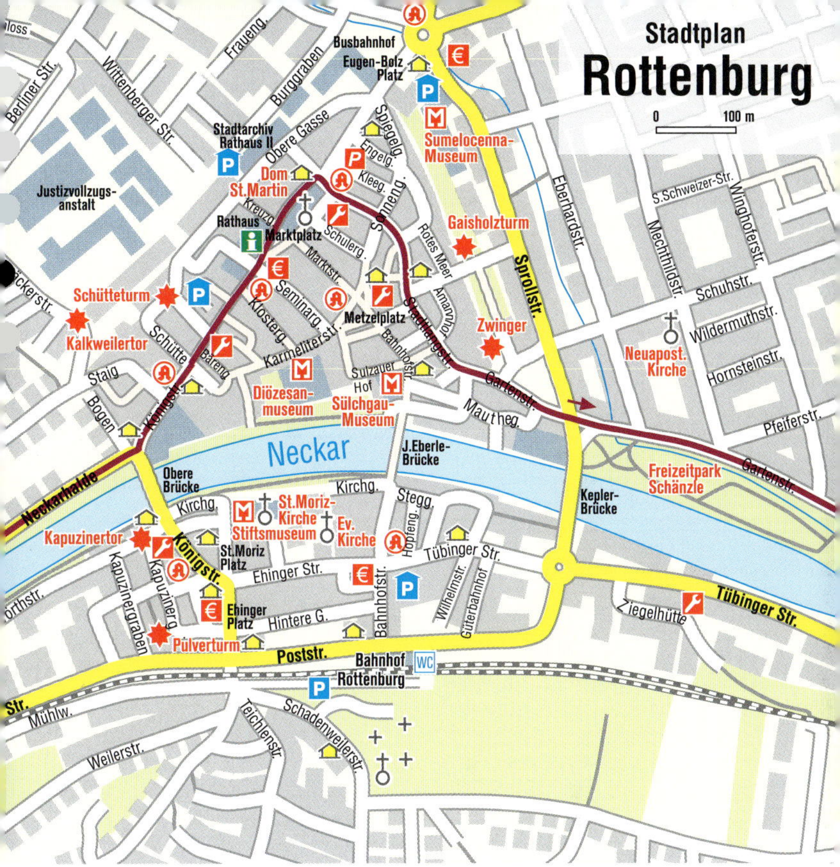

Weinberge im Weggental nordwestlich von Rottenburg am Neckar.

Schönes Fachwerkensemble in Rottenburg am Neckar.

Der Radweg verläuft nun am Fuß der linken Talhänge beim Bahnhof von **Bad Niedernau** vorbei. Der Badeort liegt auf der anderen Talseite und war zu Beginn des 19. Jh. ein bekanntes Gesellschaftsbad am Eingang des Katzenbachtals.

Der Radweg erreicht das Freibad von Rottenburg und führt entlang des Neckars bis zur ersten Straßenbrücke. Von der Radlerbrücke bietet sich ein schöner Blick auf die Altstadt mit ihren bischöflichen Gebäuden. Auf der Königstraße geht es direkt in die „gute Stube" der Bischofsstadt **Rottenburg** 16 (siehe Roadbook), dem Marktplatz mit dem imposanten Dom St. Martin, Wahrzeichen der Stadt. Enge Gassen und weite Plätze prägen das malerische Stadtbild. Auf einem Streifzug durch die Gassen stößt man auf Bauwerke aus 8 Jahrhunderten – mittelalterliche Türme und Stadttore begeistern ebenso wie Kirchen, Klostergebäude, klösterliche Pfleg- und Adelshöfe sowie stattliche Bürgerhäuser. Nach dem zweiten großen Stadtbrand 1735 wurden viele bedeutende Gebäude im barocken Stil aufgebaut (so etwa das Rathaus) – sie prägen heute das Stadtbild.

Hinter dem Dom zweigt der Radweg auf die lang gestreckte Stadtlanggasse ab, die aus dem historischen Zentrum

Wissenswertes im Gepäck

Spitzberg-Weingärten
am Hirschauer Berg

Seit dem 13. Jh. wird am sonnigen Hang des Spitzbergs Wein angebaut, die Kleinterrassen und Stützmauern prägen bis heute das Landschaftsbild. Neben den Hangterrassen und Staffeltreppen und den Obstbäumen, die in alte Weinbergsparzellen gepflanzt wurden, blieben auch die historischen Wengerter-Hütten erhalten. Seit der Aufgabe des Weinbaus und der Streuobstwiesennutzung droht das Gelände jedoch zu verbuschen. Alljährlich im Spätsommer roden Jugendliche aus aller Welt Gebüsche und Gehölze, um der heimischen Pflanzen-, Insekten- und Vogelwelt den angestammten Lebensraum zu sichern. Heute stehen die alten Weingärten als Naturschutzgebiet Hirschauer Berg unter Schutz.

zurück zum Neckar führt. Am Ende des Stadtgebietes verlassen wir kurzzeitig den Neckar und fahren über die Felder am Rand des Baggerseen-Naturschutzgebiets Burglehen Richtung Hirschau. Eindrucksvoll ist der Blick zum Spitzberg und der berühmten Wurmlinger Bergkapelle.

Von **Hirschau** aus lohnt sich daher bei gutem Wetter unbedingt der Abstecher zur **Wurmlinger Kapelle** **17**, der berühmtesten Bergkapelle Schwabens. Von dort aus kann man zu Fuß durch die **Spitzberg-Weingärten** streifen. Die Südflanke des Spitzbergs zählt zu den Pflanzenparadiesen des Neckartals, im **Naturschutzgebiet „Hirschauer Berg“** wachsen sonnenhungrige Pflanzen, die eher dem Mittelmeerraum zugeordnet werden (Blauer Lattich, Zymbelkraut, Gelber Günsel, Weinraute usw.), auch über 1.300 Insektenarten haben hier ein Rückzugsgebiet gefunden.

Am Fuß des Spitzbergs verläuft der Radweg auf deutlich abgesetztem Weg parallel zur Straße zur Neckarbrücke und wechselt nach Überqueren des Flusses nun auf den von Bäumen gesäumten Uferweg. Vorbei an den Anlagen des Freibads Tübingen erreicht man nach der Unterquerung der Straßenbrücke die Parkanlage des Anlagensees.

Lohnenswerter Schlenker **17**

Wurmlinger Kapelle

Berühmte Bergkapelle in den Weinbergen

Die Wurmlinger Kapelle zwischen Tübingen und Rottenburg ist die berühmteste Bergkapelle Schwabens. Die 1050 gestiftete Wallfahrtskapelle steht auf der höchsten Erhebung des Spitzbergs mit Blick in die Täler von Neckar und Ammer, auf die Stadtsilhouetten von Tübingen und Rottenburg, zu den Bergen des Naturparks Schönbuch und zur Schwäbischen Alb.

Gestiftet wurde sie von Graf Amselm von Calw an einer Stelle, an der Archäologen Spuren eines frühchristlichen Vorgängerbaus freigelegt haben. Die romanische Krypta ist der älteste erhaltene Teil, nach der Zerstörung der Kapelle im Dreißigjährigen Krieg wurde diese 1686 als Remigius-Kapelle in barockem Stil neu erbaut, der Kreuzweg wurde 1687 angelegt.

Bleibt Zeit für eine Besichtigung, parkt man das Rad während der Auffahrt zur Wurmlinger Kapelle am besten am Burgstall. Von der Kapelle hat man einen schönen Blick auf die historischen Weinlagen am 475 m hohen und 3,5 km langen Spitzberg (Hirschauer Berg).

Schlenker zur Kapelle: 4 km

Die Wurmlinger Kapelle im Herbst.

Herbst in Tübingen.

Berühmte Universitätsstadt Tübingen 18 hat nicht nur eine fotogene Altstadt am Neckar, sondern auch eine attraktive Lage zwischen Naturpark Schönbuch, Korngäu und Albvorland. Die alte Universitätsstadt – 1477 gegründet – wird durch die große Zahl an Studenten geprägt: Fast 30.000 Studenten leben in der 90.000-Einwohner-Stadt!

Am Ende des Zweiten Weltkrieges wurde Tübingen auf Initiative des Standortarztes Theodor Dobler kampf-

18 *Highlight* am Wegesrand

Tübingen

Fotospaziergang

Die Neckarfront in Tübingen.

Die Neckarfront – berühmt und schön

Zu den bekanntesten Stadtansichten zählt der Blick von der Neckarbrücke auf die historische Altstadt von Tübingen, einem dichten, zwischen Stiftskirche und Schloss terrassenförmig ansteigenden Gewirr altstädtischer Giebel, Fenster, Dächer und Erker, das sich seit vier Jahrhunderten im Neckar spiegelt. Im gelben Hölderlinturm (Museum) verbrachte der Dichter die letzten 36 Jahre seines Lebens. Einst landeten an der Neckarfront die Flößer aus dem Schwarzwald mit ihren Holzstämmen an, heute tummeln sich im Sommer unzählige Stocherkähne auf dem Wasser, beobachtet von den Studenten, die die wärmende Sonne auf der Mauer genießen.

Über den Dächern der Stadt – die Stiftskirche

Ein beliebter Fotopunkt ist auch der Kirchturm der 1470 erbauten Stiftskirche am Holzmarkt, die auf einer Terrasse am Knotenpunkt der ältesten Straßenzüge Tübingens liegt. Vom Turm bietet sich ein 360°-Pan-

orama-Blick. Im Westen thront Schloss Hohentübingen mit dem Museum Alte Kulturen, im Süden der Neckar und die Neckarinsel, im Osten der Österberg, wo viele studentische Verbindungen ihren Sitz in burgartigen Stadtvillen haben. Sogar Teile des Albtraufs der Schwäbischen Alb sind zu sehen. Zur Aussichtsplattform in 45 m Höhe über dem Holzmarkt führen sportliche 169 Stufen hinauf. Beim Aufstieg kommt man auch an den Glocken vorbei.

Rathaus und Astronomische Uhr

Von der Stiftskirche führt die Kirchgasse zum Marktplatz, der vom prächtigen Rathaus mit einer astronomischen Uhr aus dem Jahr 1511 dominiert wird. Dieses alte Kunstwerk ist die Konstruktion des Tübinger Professors Johannes Stöffler, dieser war Mathematiker, Physiker und Astronom. Eingerahmt wird der Marktplatz von vielen wunderschön restaurierten mehrstöckigen Fachwerkhäusern.

Weingärtnerviertel

Weingärtnerviertel.

In der Tübinger Unterstadt lieferte die Ammer mit dem Ammerkanal einst das notwendige Wasser für Mühlen und Handwerksbetriebe. In den engen Gassen wohnten in kleinen Häusern die Bauern und die Tübinger Weinbauern, die ihre Weinberge an den Steilhängen des Schönbuchs hatten. Ein Bummel durch die Gassen bietet viele Motive, darunter auch die romanische Jakobuskirche.

Schloss Hohentübingen
Über die enge Schlosssteige geht es hinauf zum Schloss Hohentübingen, in dessen Keller das 1549 erbaute Riesenweinfass

Schloss Hohentübingen mit Blick auf die Stiftskirche und den Österberg.

ruht – es ist das älteste noch erhaltene Weinfass der Welt. Auf der Bastion steht das kürzlich renovierte astronomische Observatorium, das als ältestes, komplett erhaltenes Bodenobservatorium der Welt gilt. Gebaut hatten es vor 200 Jahren die Landesvermesser, die ihre Räume im Nordostturm des Schlosses hatten. Das Archäologisch-ethnologische Museum hat eine Antikensammlung, eine ägyptische Abteilung und zeigt viele Exponate von Südseekulturen.

Botanischer Garten mit Blick zur Alb

Der neue Botanische Garten lohnt mit seinen großen Gewächshäusern und dem Aboretum einen Besuch – nicht nur für Hobbybotaniker, sondern auch für Landschaftsfotografen, hat man doch von hier einen eindrucksvollen Blick auf die nördliche Steilkante der Schwäbischen Alb zwischen Burg Teck im Osten und Burg Hohenzollern im Süden.

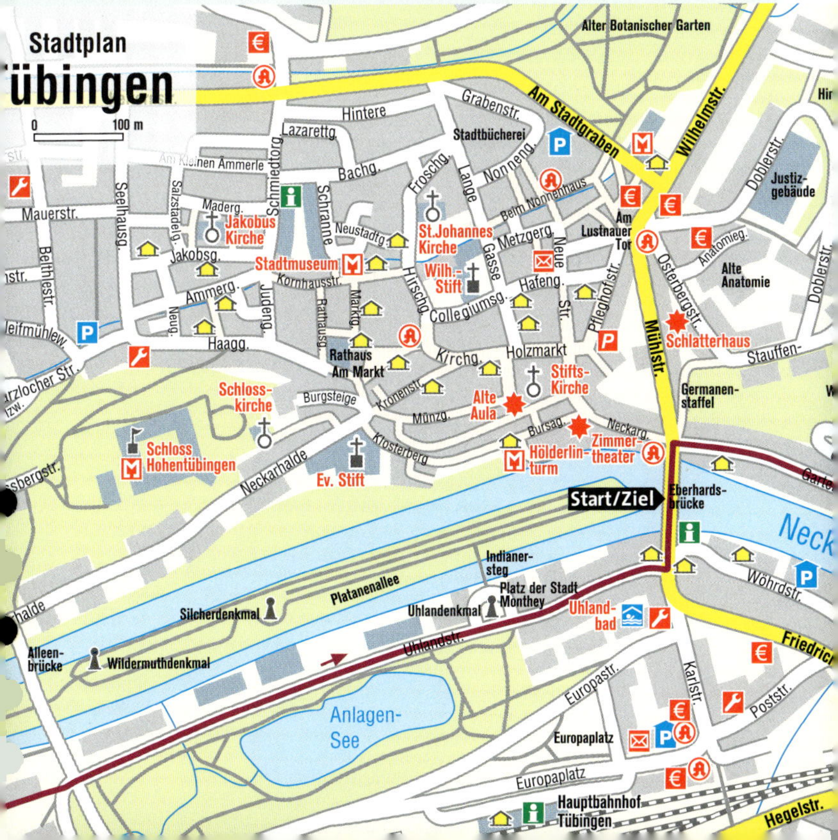

Bebenhausen mit dem gleichnamigen Kloster.

los an die Franzosen übergeben – so blieb die historische Altstadt unversehrt erhalten. Täglich um 14.30 Uhr gibt es eine öffentliche Stadtführung mit unterhaltsamen Anekdoten und unbekannten Geschichten.

Im Stadtgebiet teilt sich der Neckar, zur Altstadt hin fließt der Neckar, südlich der 1 km langen Neckarinsel der Neckarkanal. Dieser parallel zum Fluss verlaufende Kanal wurde 1910 zur Regulierung des Neckarwasserstands gegraben. Die Neckarinsel mit der Platanenallee reicht von der Landspitze westlich der Ammertalbahn-Brücke (dem sogenannten Bügeleisen) bis zur Eberhardsbrücke.

Das historische Zentrum von Tübingen gliedert sich in Ober- und Unterstadt. Zur **Oberstadt** zählen der obere Teil der Altstadt mit Münzgasse, Burgsteige, Marktplatz und Holzmarkt. An der unterschiedlichen Art der Bebauung lässt sich die Trennlinie erkennen, sie liegt etwa auf der Höhe Collegiumsgasse und Hafengasse. In die **Unterstadt** führt die am Marktplatz beginnende Haaggasse. Unten folgt man der Urbangasse ins Labyrinth der schmalen, verwinkelten Gässchen des Weingärtnerviertels. In die Altstadt von Tübingen führen zwei Brücken. Über die Alleenbrücke im Westen der Neckarinsel kommt man zu dem durch den Burgberg geschlagenen Fußgänger- und Fahrradtunnel – ein schöner, autofreier Weg ins historische Zentrum. Auf der Stadtseite radelt man vom Platz „Vor dem Haagtor“ auf der Ammergasse ins Zentrum.

Dem offiziellen Radweg folgend quert man die Eberhardsbrücke am öst-

Schloss und Kloster **Bebenhausen**

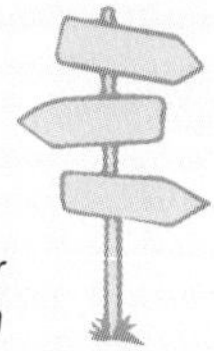

Schlenker zur Kapelle: 4 km

Mit seiner dreifachen Ringmauer und dem markanten Dachreiter der Klosterkirche ist das Kloster Bebenhausen das Wahrzeichen des Ortes. Die weitläufige, mittelalterliche Klosteranlage liegt im Naturpark Schönbuch und ist fast vollständig erhalten. Das um 1183 gestiftete Kloster wurde bald nach der Gründung im 12. Jh. von Zisterziensern übernommen, unter ihrer Ägide wurde das Kloster durch Schenkungen und Erwerbungen reich. In seiner Blütezeit lebten hier bis zu 80 Mönche und 130 Laienbrüder.

Zu den Meisterwerken gotischer Baukunst zählen das Sommerrefektorium (1335) und der markante Vierungsturm der Klosterkirche (1407–09). Wie viele andere Klöster wurde auch Bebenhausen im 16. Jh. mit der Einführung der Reformation eine evangelische Klosterschule, die bis ins 19. Jh. Schüler ausbildete.

Da die französische Militärregierung nach 1945 ihren Sitz in Tübingen hatte, tagte die Landesversammlung 1947 und 1956 in Bebenhausen, um für Baden-Württemberg eine Landesverfassung auszuarbeiten. Bis 1952 trat im Winterrefektorium der Landtag von Württemberg-Hohenzollern zusammen.

lichen Ende der Neckarinsel, die das Bahnhofs- und Parkviertel südlich des Neckars mit der Altstadt nördlich des Flusses verbindet. Am linken Ufer hält man sich für einen Altstadtbesuch links und erreicht über die Neckargasse die Stiftskirche.

Kloster Bebenhausen

Von der Stadt aus lohnt sich außerdem der Abstecher nach **Bebenhausen** 19, das rund 6 km nördlich des Neckars im Goldersbachtal im Naturpark Schönbuch liegt. Der von der Einwohnerzahl her kleinste Tübinger Stadtteil ist gleichzeitig der flächengrößte.

Der gesamte Ort steht unter Ensembleschutz, größte Sehenswürdigkeit ist das Zisterzienserkloster. König Friedrich löste 1806 die Klosterschule auf und nutzte Bebenhausen für fürstliche Hofjagden. Dazu ließ er sich das ehemalige Abtshaus des Klosters zum Jagdschloss umbauen.

Stadtansicht von Nürtingen.

4 Schlenker & Highlights

53 **km**

Streckenprofil

Seenreiche Fahrt

Die pappelgesäumte Tübinger Uferpromenade und der auch bei Skatern beliebte Asphaltweg durch die Furtwiesen in Richtung von Kirchentellinsfurt bilden den Auftakt dieser Neckartal-Radweg-Etappe zwischen Schönbuch, Schwäbischer Alb und Schurwald. Zu den Höhepunkten zählen die teils als Naherholungsgebiete genutzten und teils als Naturschutzgebiete ausgewiesenen Baggerseen, die wie Inseln zwischen Bebauung und Straßen liegen sowie die rundbogige Ulrichsbrücke in Köngen, eine der berühmtesten Brücken über den Neckar. Ziel ist Esslingen, eine der schönsten Fachwerkstädte des Neckartals.

Von der Altstadtseite der Eberhardsbrücke in **Tübingen** geht es ab der Jugendherberge am Fuß des Österbergs zur Ammer, einem 22,5 km langen linken Nebenfluss des Neckars, der nördlich der historischen Altstadt und im weiteren Verlauf nördlich um den Österberg herum durch das Stadtgebiet fließt. Ammer und Neckar werden gequert, dann geht es auf der rechten Neckarseite absolut eben entlang des Talbodens nach **Kirchentellinsfurt.**

Das historische Zentrum liegt auf dem Berg, die Fahrt hinauf zieht sich über fast 1 km in Serpentinen bergauf. Das Große Schloss, ein eindrucksvoller mehrstöckiger Fachwerkbau mit einem steinernen Erdgeschoss, wurde gerade frisch renoviert, das darin befindliche Museum wird aber erst 2022 wiedereröffnen. Die kulturhistorische Sammlung in den Fachwerkbauten des Großen (1560) und des Kleinen Kirchentellinsfurter Schlosses (um 1600) am Schlosshof hat bisher Exponate aus vergangenen Jahrhunderten präsentiert, darunter bäuerliches Mobiliar, eine Schuhmacherwerkstatt, Ackerbaugeräte und Werkzeuge des bäuerlichen Haushalts sowie Sakralkunst.

Reutlingen

Stadtrundgang

Schlenker von Kirchentellinsfurt nach Reutlingen: 8,5 km

In der Altstadt der ehemaligen Freien Reichsstadt wird die Geschichte wieder lebendig und entführt ins Mittelalter. Gestartet wird auf dem Marktplatz, vorbei am modernen Rathaus geht es durch ein schmales Tor in den verträumten Garten des Heimatmuseums. Nach dem Friedrich-List-Gymnasium, einem ehemaligen Barfüßerkloster, zeigt sich schließlich die imposante Marienkirche, die zu den schönsten Bauwerken der Hochgotik zählt. Vorbei am Naturkundemuseum zwängt man sich durch die Spreuerhofstraße, eine der engsten Straßen der Welt, und steht staunend vor den einzigartigen Häusern an der Stadtmauer. Dass moderne städtische Architektur durchaus

Blick auf das Tübinger Tor und das Rathaus, im Hintergrund die Marienkirche.

Die malerischen Stadtmauerhäuschen in Reutlingen

ein Gewinn für eine Stadt sein kann, zeigt die Markthalle, die Obere Wässere. Eine gläserne Brücke führt hinüber zum ruhigen Echaz-Uferpfad. Flussabwärts geht es entlang des linken Echazufers zur „Alten Mühle", dann bergauf in die Pomologie, eine 1860 gegründete private Lehranstalt für Gartenbau, Obstkultur und Pomologie, danach in den sich nach Westen hin anschließenden Volkspark.

Danach schlendert man bergab zur Stadthalle und durch den Bürgerpark. Das Wasserspiel vor dem historischen Krankenhäusle ist mit seinen beleuchteten Fontänen ein Highlight im Herzen der Stadt. Entlang der „Echazstufen" geht es durch das imposante Tübinger Tor und die Katharinenstraße zurück zum Markplatz.
www.reutlingen.de

In Kirchentellinsfurt bietet sich die Möglichkeit zu einem Schlenker nach **Reutlingen** 20 an, die Altstadt der ehemaligen Reichsstadt an der Echaz lädt zum gemütlichen Bummel ein.

Baggerseen und historische Ortskerne

In Kirchentellinsfurt wird erneut das Ufer gewechselt und schon bald der erste von insgesamt drei Baggerseen erreicht, links des Radwegs und der Bundesstraße liegt **Pliezhausen.** Wenig später wird erneut der Neckar auf einer Fußgänger- und Radwegbrücke gequert und der Ortsrand von Mittelstadt erreicht.

Mittelstadt ist der nördlichste und der am tiefsten gelegene Stadtteil von Reutlingen, lohnenswert ist der Besuch der Klostermühle über dem Neckarufer mit schönem Biergarten.

Unterhalb des Hügels von Mittelstadt überquert der Neckartal-Radweg den Fluss auf der Straßenbrücke und folgt der Bundesstraße bis kurz vor **Neckartenzlingen,** links erhebt sich Schloss Neckarburg über dem Werkkanal. Die im Mittelalter als Burg zur Mühle bekannte Anlage wird von den Einheimischen auch das „Schlössle" genannt. Eine neue Radlerbrücke über den Neckar führt in das historische Zentrum mit alten Fachwerkhäusern, Kirche und Zehntscheuer.

Schon bald ist das beliebte und vielbesuchte Naherholungsgebiet Aileswasen mit seinen bis zu 4 m tiefen Bade-Baggerseen erreicht. Der nächste Ort **Neckartailfingen** erstreckt sich mit der „Vorstadt" am rechten und dem Kerndorf mit der Martinskirche am linken Ufer des Neckars. Die um 1111 fertiggestellte Martinskirche im rein romanischen Stil ist vor allem durch ihren schiefen Kirchturm bekannt. Ähnlich wie in Pisa wurde der Turm auf ungeeignetem Grund gebaut und sackt immer weiter ab.

Schon bald lockt der nächste Baggersee zu einem Sonnenbad oder einem Sprung ins Wasser. Der Radweg führt am Flussufer entlang mit schönem Blick auf das gegenüberliegende Neckarhausen. Noch ein kurzes landschaftlich schönes Stück am Fluss ent-

Highlights am Wegesrand **21**

Nürtingen

Auf Hölderlins Spuren

Nicht nur in Tübingen, auch in Nürtingen trifft man auf den Dichter Friedrich Hölderlin, der 1774–84 in Nürtingen bei seiner Mutter und seinem Stiefvater, dem Weinhändler und Bürgermeister Johann Christoph Gok, lebte und auch später oft dorthin zurückkehrte.

Hölderlin-Rundgang
Der Spaziergang beginnt am i-Punkt am Obertor. Der **Schweizerhof** („Hölderlinhaus") in der Neckarsteige, in dem Hölderlin zunächst wohnte, ist heute die Hölderlin-Schule. Vom Obertor führt der Rundgang zum **Marktplatz** mit dem eindrucksvollen Rathaus, durch die Altstadt zum Neckar, zur Stadtkirche **St. Laurentius** (hier wurde Hölderlin konfirmiert), zur **Lateinschule** (diese besuchte er von 1775–84), in den Hof der Hochschule und zurück zum Ausgangspunkt. In der Lateinschule lernte Hölderlin Georg W. F. Hegel und den Philosophen Friedrich Schelling kennen – mit ihnen studierte er in Tübingen.

Beim Turmwächter

An jeden zweiten Sonntag im Monat öffnen die ehrenamtlichen Turmwächter den Turm der Stadtkirche und laden die Besucher zu einem herrlichen Rundblick über die Dachlandschaft der Altstadt und das Neckartal ein. Zum Umgang auf 36 m Höhe führen 189 Stufen – insgesamt ist der Kirchturm 48 m hoch. Hier, wo im Mittelalter der Turmwächter über das Wohl der Nürtinger wachte, scheint die Zeit stehen geblieben zu sein. Eine kleine Ausstellung in der ehemaligen Türmerwohnung informiert über das Leben der Turmwächter, die hier bis 1921 ihren Dienst taten.

Tel. +49 7022 752 82

St. Johannes – Meisterwerk von Otto Herbert Hajek

1956 wurde in der Nürtinger Vorstadt die katholische Kirche St. Johannes Evangelist im Stil einer Hallenkirche („Fabrikhalle Gottes“) gebaut. Ihre Innenausgestaltung wurde Otto Herbert Hajek – einem abstrakten Maler, Grafiker und Bildhauer – übertragen. Seine künstlerische Entwicklung ist im Innenraum deutlich erkennbar, da er über einen Zeitraum von fast 50 Jahren (vom Bau der Kirche bis kurz vor seinem Tod) den Innenraum, den Kreuzweg und verschiedene Kultgegenstände gestaltet hat.

Vendelaustraße 30

lang, ein erneutes Queren des Flusses und **Nürtingen** 21 ist erreicht.

Der Neckar, die Streuobstwiesen des Albvorlands und der markante Albtrauf prägen das Landschaftsbild rund um die Fachwerkstadt, die sich über einen kleinen Bergkegel im ansonsten ebenen Tal erstreckt. Die Altstadt zu Füßen der gotischen Stadtkirche ist schon wegen ihrer aufwendig sanierten Fachwerkhäuser, Barockbauten und klassizistischen Brunnen einen Besuch wert, über die Neckarbrücke mit Radweg ist es nur ein Katzensprung in die historische Altstadt mit ihren engen Gassen und steilen Treppenfluchten.

Der Schlossberg, von dem aus die Stadtgründung ausging, ist geologisch gesehen ein Umlaufberg. Auf dem Schlossberg steht seit über 500 Jahren die Stadtkirche mit ihrer markanten welschen Haube.

Von der Nürtinger Neckarbrücke folgt der Radweg dem Bogen des Neckars

Mit der Bahn nach Marbach

Nicht jeden wird es reizen, entlang des Flusses durch das stark industrialisierte Stuttgarter Neckarbecken zu fahren. Unbestritten gibt es viel zu sehen, aber als Naturliebhaber auch viel zu erleiden. Wer in erster Linie die landschaftliche Schönheit des Neckartals erradeln will, kann mit der Bahn nach Marbach fahren und dort die Radtour fortsetzen.

in den Nürtinger Ortsteil Zizishausen und bleibt auf den nächsten Kilometern auf der Uferstraße.
Direkt vor der Autobahn liegen links wie grüne Oasen die als Naturschutzgebiete ausgewiesenen ehemaligen Baggerseen Röhmsee und Schülesee, letzterer ist für die Vogelwelt ein wichtiges Brut-, Rast- sowie Winteraufenthaltsgebiet. Wegen des Vorkommens europaweit gefährdeter Brut- und Zugvogelarten wie Zwergrohrdommel, Krickente und Wasserralle wurde das Gebiet zudem als Vogelschutzgebiet ausgewiesen.

Nach der Autobahnbrücke kommt schon bald eine der berühmtesten Neckarbrücken in Sicht – die **Ulrichsbrücke** zwischen Köngen und Wendlingen. Namensgeber der vierbogigen Steinbrücke (1600–02) mit dem Renaissance-Obelisken von Heinrich Schickhardt ist Herzog Ulrich von Württemberg. Gebaut wurde sie nach 1599, als ein Hochwasser die alte Neckarbrücke zerstört hatte. Auch gegen

Die Ulrichsbrücke bei Wendlingen, eine der ältesten Brücken über den Neckar

Wissenswertes im Gepäck

Ulrichsbrücke

Jahrhundertealter Übergang

Für viele ist die Ulrichsbrücke, die alte Köngener Bogenbrücke, eine der schönsten Neckarbrücken überhaupt. Gebaut wurde sie 1602 mit vier massiven Steinbögen, nachdem die alte Brücke drei Jahre früher einem verheerenden Hochwasser zum Opfer gefallen war. Von Hofbaumeister Heinrich Schickhardt (1558–1635), einem vielseitigen und originellen Baumeister der Renaissance im württembergischen Raum und im Elsass, ist eine Planzeichnung von 1600 überliefert. 1912 wurde die Brücke auf der Köngener Seite um zwei Bögen erweitert und auf 8 m erweitert, so konnte die bis dato steile Auffahrt für Pferdefuhrwerke abgeflacht und damit besser befahrbar gemacht werden. Statt einer Steigung von 10,4 und 8,7 % waren es jetzt nur noch 4 %.

Am 20. April 1945 sprengten deutsche Pioniere zwei Bögen auf der nach Wendlingen führenden Seite in die Luft, doch schon ein Jahr später erfolgte der originalgetreue Wiederaufbau.

Ende des Zweiten Weltkriegs wurde sie in Teilen zerstört, 1946 aber originalgetreu wiederaufgebaut. Den früher vielgepriesenen Blick flussaufwärts verstellt seit 1975 leider die „Römerbrücke“, deren Name an die römischen Ursprünge von Köngen erinnert.

In **Köngen** beginnt die Römerstraße Neckar-Alb-Aare – wer sich für die rö-

Lohnenswerter Schlenker 22

Römerpark Köngen

Auf dem Gebiet der römischen Siedlung Grinario, die um 100 n. Chr. aus einem Kastell entstand, befinden sich heute das Römische Museum mit dem Archäologischen Park Köngen.

Das Kastell ist als Militärlager am Limes seit 2005 Teil des UNESCO-Welterbes Obergermanisch-Rätischer Limes. Besonders sehenswert ist die restaurierte Jupitergigantensäule, aber auch ein Meilenstein aus der Zeit Kaiser Hadrians, der an der Stelle des ehemaligen Südwesttors des Kastells gefunden wurde: Er gibt die Entfernung nach Rottenburg an – es waren 29.000 Doppelschritte (42,9 km) oder 29 römische Meilen.

Die römische Straße nach Rottenburg war fast durchgehend gepflastert und hatte anfangs eine Breite von 8 m, nach 250 m wurde sie etwas schmaler. Die Nordstraße (oder Cannstatter Straße) bildete die nördliche Fortsetzung der aus Südwesten von Rottenburg hereinführenden Straße und zog fast gerade 600 m durch den Vicus. An dieser Straße liegt auch der Römische Friedhof. Grinario war als Pferdewechselstation auch auf der Peutingertafel eingetragen, der mittelalterlichen Kopie einer römischen Straßenkarte.

Römisches Museum im Archäologischen Park
Altenberg 3
www.koengen.de

Kirchheim unter Teck – im Hintergrund das Rathaus.

mische Epoche interessiert, kann den **Römerpark Köngen** 22 besuchen.

An der Römerbrücke startet auch der 7 km lange **Abstecher** ins schöne spätmittelalterliche **Kirchheim unter Teck** 23 (siehe Roadbook) – mit sehenswerter Altstadt, der Burg Teck sowie einem Renaissanceschloss, das über vier Jahrhunderte als Witwensitz der Witwen der württembergischen Herzöge genutzt wurde. In der Altstadt mit ihren engen Gassen und romantischen Winkeln finden sich viele sehenswerte Fachwerkhäuser, darunter das Wahrzeichen der Stadt, das mehrstöckige Alte Rathaus. Zu den ältesten Gebäuden der Stadt zählen das Max-Eyth-Haus und das Alte Haus (1538), das Wachthaus und das Spital aus dem 14. Jh. Rund um die Altstadt zieht sich ein Grüngürtel mit vielen Kastanien, der den alten Stadtgraben nachzeichnet. Die kleine Stadt hatte als Landesfestung eine imposante Befestigungsanlage mit Stadtmauer, vier Bastionen und Zwingermauser. Erhalten blieben die Stadtmauer und die Bastion, der Rest wurde sukzessive abgebrochen, als die Anlage angesichts modernerer Kriegsführung überflüssig geworden war. Anfang des 19. Jhs. wurde der Graben schließlich aufgefüllt und die Stadt konnte über ihre historische Grenze hinauswachsen.

In **Köngen** sollte man über die historische **Ulrichsbrücke** nach **Wendlingen** fahren, das an der Mündung der Lauter in den Neckar im Westen der Schwäbischen Alb liegt. Dort kann man dem ehemaligen barocken Pfarrhaus, das mit den Scheuern, dem Wasch- und Backhaus und dem Pfarrgarten ein einmaliges Ensemble bildet, einen Besuch abstatten. Hier hat auch

Alte Spinnerei in Plochingen – Brücke in die Altstadt.

das Stadtmuseum Wendlingen am Neckar seine Räumlichkeiten.

Etwas eingezwängt zwischen Bundesstraße und Fluss geht es weiter nach Wernau, vorbei an gleich mehreren Baggerseen. Nach der Unterquerung der Straßenbrücken führt der Radweg durch den **Landschaftspark Bruckenwasen**, der für die Landesgartenschau 1998 angelegt wurde. Am Ende des Parks geht es auf der Fußgängerbrücke über den Neckar und durch den Tunnel in die Stadt. Blickt man auf der Brücke zurück, schaut man auf die **Alte Spinnerei**, die heute Teil des Landschaftsparks ist und zu einem Wohnhaus umgebaut wurde. Als Plochingen einen Eisenbahnanschluss erhielt, war das der Startschuss für die Industrialisierung des Unteren Filstales. Zu den namhaften Industrieunternehmen zählte auch die Spinnerei Otto, deren Firmengebäude 1879 vom damals bekannten Architekten Philipp Jacob Manz geplant und errichtet wurde.

Richtungswechsel

Der Neckar vollzieht in **Plochingen** (24) (siehe Roadbook) einen markanten Richtungswechsel. Statt wie bisher nach Nordosten fließt er nun nach Westen. Die historische Stadt an der Württemberger Weinstraße liegt auf einem Sporn über der Mündung der Fils und zwang den Fluss zu dieser Biegung. Wahrzeichen Plochingens ist die spätgotische, mit einer Wehrmauer umfriedete **Wehrkirche Sankt Blasius** (1488) auf dem Kirchberg. Gleich nach dem Tunnel führt der Radweg am **Hundertwasser-Regenturm** (25) vorbei. Bunt, ohne Kanten und mit vier goldenen Kugeln ist die Anlage ein vielbesuchtes Wahrzeichen der Stadt geworden – und ein beliebtes Fotomotiv.

Paul-Gerhard-Kirche

Die evangelische Kirche am Teckplatz in Plochingen wurde nach einem Entwurf des Architekten Heinz Rall erbaut und 1966 geweiht. Die aus roh belassenem Beton erbaute moderne Saalkirche war in der beschaulichen Stadt ein Stein des Anstoßes und ist heute ein sehenswerter Kontrapunkt zur Fachwerkidylle der Altstadt.

In der Stadtmitte lohnt ein schönes Ensemble aus Fachwerkhäusern den Besuch. Vor allem das **Alte Rathaus** von 1530 ist sehenswerter alemannischer Fachwerkbau und hat inzwischen sogar eine Reise hinter sich. Während der Sanierungsarbeiten wurde es 1977 vom Neckarufer auf das heutige Niveau hochgehoben und neben weiteren historischen Fachwerkhäusern am Marktplatz wiederaufgebaut. Der Marktbrunnen (1978) zeigt Fischmann und Fischfrau als Personifikationen von Neckar und Fils.

Im Hang oberhalb der Bahnlinie und des Neckarhafens folgt der Neckartal-Radweg der Esslinger Straße aus Plo-

St. Blasius in Plochingen.

Highlights am Wegesrand **25**

Wohnen unterm Regenturm

Hundertwasser in Plochingen

Im Zuge einer Umgestaltung des Plochinger Zentrums wurde auf einer städtischen Brache ein geschlossenes Areal mit öffentlich zugänglichem Innenhof geplant. Die Stadtplaner konnten über die österreichische Partnerstadt Zwettl Kontakt zu Friedensreich Hundertwasser aufnehmen, der sich tatsächlich bereit erklärte, einen Entwurf zu fertigen. Von ihm stammen die Ideen für die Gestaltung des Innenhofes, aber auch der Entwurf für den 33 m hohen Regenturm. Den bunten Turm krönen vier mit Blattgold belegte Kugeln, die jeweils einen Durchmesser von 1,6 m haben. Die bunte Innenhofanlage wurde 1990–94 vom Künstler gestaltet: Gerundete Formen und verspielte Balkone prägen das Bild, der Hof wirkt wie ein wilder Garten, wo Bäume aus Erkern und auf den Dächern wachsen. Der 33 m hohe Regenturm ragt weithin sichtbar über die Wohnanlage hinaus.

Les Toilettes

Kunstklo für jedermann

Der bekannte elsässische Grafiker, Illustrator, Autor und Satiriker Tomi Ungerer entwarf eine farbenfrohe Antwort auf den

Regenturm: Das Toilettenhäuschen „les Toilettes“, das zentral zwischen Marktplatz und Schorndorfer Straße an der Fußgängerzone zu finden ist. Der Kubus leuchtet in Grün- und Rosatönen, auf den Wänden tummeln sich Fabelwesen: Ein Frosch auf der einen, ein Drache auf der anderen Seite. Oben ein Kranz aus rosafarbenen stilisierten Toilettenbrillen. Das Häuschen ist von einem Wasserbecken umgeben und über kleine Brückenstege zugänglich. Und es handelt sich nicht nur um ein Kunstwerk, sondern auch um ein stilles Örtchen, das jeder aufsuchen kann.

chingen hinaus und führt in Altbach links durch den Heinrich-Mayer-Park über den Alten Neckar auf die Neckarinsel mit dem Kohlekraftwerk. Im Südosten wird die Kraftwerksinsel wieder verlassen, der Radweg folgt nun dem Fluss auf seinem rechten Ufer. Nach dem Neckarfreibad Esslingen folgt der Radweg kurz dem Hammerkanal, vorbei am historischen Wasserhaus.

Bei diesem handelt es sich um ein Stauwehr, das 1823 anstelle eines Eisrechens gebaut wurde. Auf den vier aus Sandstein gemauerten Pfeilern und den drei Wehrfeldern wurde ein Fachwerkbau mit einem Walmdach errichtet, durch das heute ein Fußgängersteg über den **Kanal** führt. Am Wasserhaus wird der Zufluss des **Kanalsystems** geregelt. Früher wurden zahlreiche Mühlen in der Esslinger Altstadt vom Wasser des Neckars angetrieben. Schiebend kann man den Kanal queren und sich anschließend rechts zum offiziellen Radweg halten.

Wissenswertes im Gepäck

Neckarkanal

Anschluss an die weite Welt

Über Jahrhunderte war der Neckar ein günstiger Verkehrsweg, der mit dem Aufbau des Eisenbahnnetzes ab Mitte des 19. Jhs. zunehmend an Bedeutung verlor. Während die Bahn nach Fahrplan und kalkulierbaren Preisen fuhr, war die Schifffahrt immer den Launen der Natur ausgesetzt, nur selten erlaubte der Wasserstand des Neckars ein zügiges Fortkommen auf dem Fluss. Schifffahrtsprivilegien, Zölle und Stapelzwänge, die erst die Schlussakte des Wiener Kongresses 1815 beseitigte, machten den Transport im Vergleich zur Bahn teurer.

Die Industriekonzerne im mittleren Neckarraum, die auf Kohle und Stahl angewiesen waren, drängten darauf, den bis dato in Heidelberg endenden Kanal bis Plochingen zu verlängern. Wirtschaftliche Schwierigkeiten in der Zwischenkriegszeit und schließlich der Zweite Weltkrieg ließen das Mammutprojekt zunächst stocken.

Die zwischen 1918 und 1968 für die Schifffahrt ausgebaute Wasserstraße erstreckt sich vom Plochinger Hafen bis zur Mündung des Neckars in den Rhein; die unter Denkmalschutz stehende schiffbare Strecke ist 200 km lang und führt über 27 Staustufen. Zu diesen gehören Wehre zum Aufstauen des Wassers, Schleusen, Kraftwerke sowie Uferbauwerke und Anlagen für den Schiffsverkehr.

Die schiffbaren Kanäle wurden im Mittleren und Unteren Neckartal

abschnittsweise vom natürlichen Lauf des Neckars abgetrennt. Solche Neckarkanäle finden sich bei Oberesslingen, Marbach, Pleidelsheim, Besigheim, Horkheim, Lauffen, Heilbronn, Kochendorf, Heidelberg-Wieblingen und Mannheim-Feudenheim. Ihrer Funktion nach sind sie alle Schleusenkanäle.

26 *Wissenswertes* im Gepäck

Reich durch Wein

Für viele überraschend: Die alte Reichsstadt, die heute fast mit den Stuttgarter Vororten zusammengewachsen ist, zählt zu den ältesten Weinorten Württembergs.

Es waren wohl die Römer, die den Weinbau ins Neckartal gebracht hatten. Die Esslinger Weingärten finden sich schon 778 in Urkunden erwähnt. Wein hatte spätestens im Mittelalter eine existenzielle Bedeutung, denn er war z. B. bei den Mönchen ein tagtäglicher Bestandteil ihres Speiseplans.

Mit der Verleihung des Titels Freie Reichsstadt im 12. Jh. durch die Staufer ändert sich auch der Weinbau. Wurde bisher nur im Tal angebaut, legte man nun an der Neckarhalde erste Terrassen an, was die Qualität des Esslinger Weins merkbar steigerte. Und so wurde Wein zu einem Exportschlager, der seinen Weg bis in die kaiserliche Residenz in Wien fand.

1486 erklärte der städtische Rat, dass das „Gewerbe der Stadt ganz auf Wein beruhe", im Spätmittelalter war Esslingen sogar das Maß aller Weine. Weine wurden in „Esslinger Eimern" gehandelt, worunter man rund 300 l verstand. Was durchaus Rückschlüsse auf die damals konsumierten Weinmengen zulässt.

Der Wein brachte der Stadt Reichtum und veränderte das Stadtbild: Klöster aus anderen Regionen hatten hier eigene Weinlagen, lagerten ihre Weine in stattlichen Pfleghöfen mit Keltern, brachten aber auch neue Anbautechniken nach Esslingen und sorgten für einen schwunghaften Handel bis nach Italien.

Und so sind bis heute die markanten Steillagen entlang der Neckartalhänge eines der Wahrzeichen der Stadt, sind aber gleichzeitig für die städtischen Winzer eine große Herausforderung, denn ihre Bewirtschaftung ist aufwendig und personalintensiv. Angebaut werden unter anderem Riesling, Grauburgunder und Spätburgunder.

Blick auf die Weinberge in Esslingen.

Weinerlebnispfad
Ein schöner Abendspaziergang durch die Esslinger Steillagen ist der Weinerlebnisweg, der an der Frauenkirche beginnt und sich Richtung Mettingen zieht. An 20 Infostationen erfährt man spannendes zum Thema Weinbau in Esslingen und in Steillagen, aber auch über die Bedeutung von Trockenmauern als Unterschlupf für Flora und Fauna.

http://m.esslingen-marketing.de/weinerlebnispfad-in-esslingen

Neckarhafenstadt
Durch den Merkel'schen Park mit der Villa Merkel geht es zum wuchtigen **Pliensauturm,** dem historischen südlichen Stadttor von **Esslingen** 26. Im Mittelalter war er Teil des südlichen Mauerzugs, der sich zum Schutz der Pliensauvorstadt am Fluss entlangzog. Er hatte die wichtige zwölfbogige Pliensaubrücke zu decken, die ab dem 13. Jh. den Fluss überspannte.

Esslingen am Fuß des Schurwalds hatte das Glück, den Zweiten Weltkrieg weitgehend unbeschadet überstanden zu haben. So begeistert sie heute mit eine hervorragend erhaltenen Altstadt. Hier sieht man den schönen Bürgerhäusern den Reichtum der ehemaligen Reichsstadt (bis 1802) noch immer an. Überragt wird die Altstadt von Teilen der ehemaligen Stadtbefestigung, der sogenannten **Burg**. Anders als der Name sagt, war die „Burg“ keine Wohnstätte, sondern Teil der Stadtbefestigung. Die Mauern und der prächtige „Dicke Turm“ sind noch gut erhalten.

Die zwei Gesichter des Esslinger Alten Rathauses
Zu den bekanntesten Bildern der Stadt zählt das Alte Rathaus. Aus einem Anfang des 15 Jhs. erbauten

Kauf- und Steuerhauses machte der schwäbische Baumeister Heinrich Schickardt 1586–89 ein Schmuckstück. Die Nordfassade zum Markt hin wurde mit Verzierungen und der astronomischen Uhr versehen und bekam einen doppelstöckigen Turm im Renaissance-Stil. Und zum Glück für heutige Besucher wurde das einzigartige Fachwerkjuwel beim großen Stadbrand 1701 nicht von den Flammen zerstört. Ganz anders präsentiert sich das Gebäude auf seiner Südseite. Hier fällt das gestreckte X auf, das den Stockwerken eine gute Stabilität verleiht. Während unten Waren, vor allem Getreide, verkauft wurden, vergnügten sich die Patrizier der Stadt im eleganten Festsaal im Obergeschoss.

Livekonzert auf dem Glockenturm
Vom Glockenturm erklingt mehrmals am Tag ein Glockenspiel: Um 8, 12, 15, 18, 19.30 Uhr. Regelmäßig finden Livekonzerte statt, ein „Glöckner" spielt auf einem Keyboard, die Stücke werden zu den Glocken übertragen.

Die Zahl an Sehenswürdigkeiten in Esslingen ist groß. Neben einer Vielzahl an Kirchen, Klosterpfleghöfen, Türmen und Barockbauten kann man je nach Interesse zahlreiche Museen und Galerien besuchen. So zeigt etwa das **Stadtmuseum Gelbes Haus** in drei Wohnhäusern die Stadtgeschichte vom Frühen Mittelalter bis heute.

Das sehenswere Rathaus von Esslingen.

St. Dionys, dahinter die Weinberge und die Esslinger Burg.

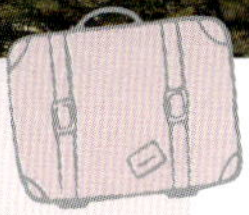

Wissenswertes im Gepäck

St. Dionys

Hilfe, der Turm kippt!

Zu den Ursprüngen der Stadt entführt das Ausgrabungsmuseum unter der imposanten **Stadtpfarrkirche St. Dionys** auf der Südseite des Marktplatzes, wo man im Rahmen von Bauarbeiten auf die Grundmauern von zwei Vorgängerbauten stieß. Hier nahm 777 Esslingens Geschichte seinen Anfang. Die Ausgrabungen unter der Stadtkirche können im Rahmen der Stadtführung „Keller, Krypta, Katakomben“ besichtigt werden.

Die heutige Kirche ist schon der dritte Bau an dieser Stelle – der stolze Neubau zeugt von der Blütezeit der Stadt im 13. Jh. Stilistisch finden sich sowohl romanische als auch gotische Stilelemente. Kulturell der größte Schatz sind die Glasfenster des Chores aus der Zeit um 1300; sie zählen zu den bedeutendsten mittelalterlichen Glasfenstern in Deutschland. Ein Blickfang ist der markante Verbindungssteg zwischen den beiden Kirchtürmen. Eingezogen wurde er um 1600 aus statischen Gründen notwendig, der Südturm neigte sich um die Zeit schon um mehr als 56 cm Richtung Süden.

Untertürkheim – Autobauerstadt am Fuß der Weinberge.

10 Schlenker & Highlights

59 **km**

Streckenprofil

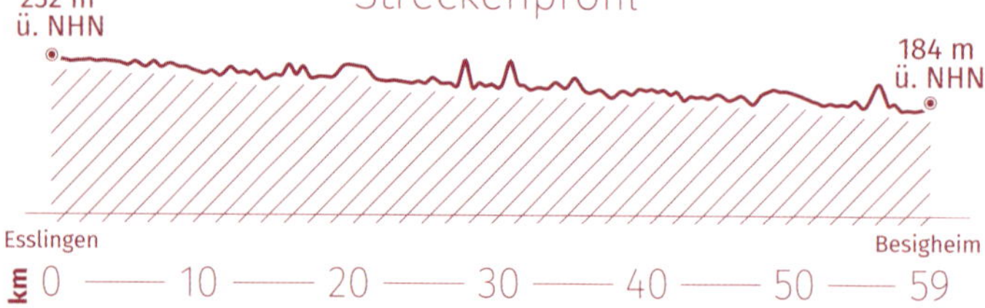

Industrie und Wein

Von Esslingen führt der Neckartal-Radweg am Fuß der mit Reben bestandenen Westausläufer des Schurwaldes in den Stuttgarter Stadtbezirk Untertürkheim und ins Mineralheilbad Bad Cannstatt, wo der Abstecher in die „grüne" Stuttgarter Altstadt startet. Der Neckartal-Radweg führt anschließend weiter flussabwärts am „württembergischen Versailles" Ludwigsburg vorbei in die Schillerstadt Marbach.

Vom Pliensauturm in **Esslingen** folgen wir dem Neckarufer bis zur Brücke über den Roßneckarkanal, oben zeigen sich schon bald Weinberge in den von der Sonne verwöhnten Westhängen des Schurwaldes. Von der Frauenkirche in Esslingen zieht sich seit Neuestem ein **Weinerlebnispfad** Richtung Mettingen durch die terrassierte Kulturlandschaft, an 20 Stationen erfährt man Wissenswertes über den Esslinger Weinbau.

Der **Schurwald**, ein bis zu 515 m hohe Höhenzug, versorgte über Jahrhunderte die Bewohner von Esslingen und Stuttgart mit dem notwendigen Brenn- und Baumaterial Holz. Das lässt sich auch am Namen ablesen, denn das mittelhochdeutsche Wort „schure" bedeutet so viel wie die Schur, das Scheren oder Kahlschlag. Heute ist der Schurwald ein wichtiges Naherholungsgebiet für den Großraum Stuttgart.

Bei den Neckarbrücken im Esslinger Stadtteil Mettingen erreicht man die ersten Werksanlagen von Mercedes-Benz. Mettingen ist inzwischen mit **Obertürkheim** zusammengewachsen. Zum östlichsten Stadtbezirk von Stuttgart gehört auch der Ortsteil Uhlbach. Bis heute spiegelt sich im Obertürkheimer Ortsbild die alte Weinbautradition, in Uhlbach befindet sich das **Stuttgarter Weinbaumuseum.** Obertürkheim ist ein beliebtes Naherho-

Weinberge bei Münster.

Stuttgart und Autos ja, aber Stuttgart und Wein?

Wer neugierig geworden ist, dem sei das **Stuttgarter Weinbaumuseum** in der imposanten Uhlbacher Alten Kelter empfohlen. Das Museum im idyllischen Weinort erzählt von der langen Geschichte des Weinanbaus in der Stuttgarter Region.

Über 2.000 Jahre wird hier am Neckar schon Wein angebaut, ganze 2 % der Stadtfläche sind Rebflächen (423 ha), damit zählt Stuttgart zu den größten Weinbaugemeinden Deutschlands. In 16 der 23 Stadtbezirke gibt es Weinbauern, die meisten bestellen ihre Weinberge, zumeist Steillagen, im Nebenerwerb. Zusammen mit den Esslinger Weinbergen bilden die Stuttgar-

lungsgebiet für die Stuttgarter – von den steilen Weinbergen bietet sich ein eindrucksvoller Blick auf das Neckartal und den Großraum Stuttgart.

.

Aufgrund des **Bahnprojektes Stuttgart 21** ist der Neckartal-Radweg zwischen Untertürkheim und Obertürkheim über mehrere Jahre auf einem 3 km langen Abschnitt gesperrt – eine Umleitung ist ausgeschildert.

Von Obertürkheim geht es übergangslos nach **Untertürkheim,** das wohl jeder als Konzernzentrale und Produktionsstätte von Mercedes-Benz kennt. Und so liegt es nahe, dem nur wenige Meter vom Radweg entfernt liegendem **Mercedes-Benz-Museum** 27 einen Besuch abzustatten. In einem spektakulären Bauwerk – ein Doppelhelix-Turm – finden sich viele Exponate zur Geschichte des Automobils.

Weinbau in Stuttgart

Weinbaumuseum Stuttgart

ter Weinbergslagen die Großlage „Weinsteige".

Im Weinbaumuseum Uhlbach kommen in Videoeinspielungen auch heimische Winzer (Wengerter) zu Wort, erzählen von ihrer Arbeit in den Steillagen und in der Kelter. Im Erdgeschoss gibt es zudem eine Vinothek, die die heimischen Tropfen verkauft.
www.stuttgart-tourist.de/a-weinbaumuseum-stuttgart

Württemberg (Rotenberg)
Auf dem oberhalb von Untertürkheim gelegenen 411 m hohen Württemberg, der bis 1907 Rotenberg hieß, steht eine klassizistische Grabkapelle, in der die zweite Frau König Wilhelms I. von Württemberg, der König selbst und die gemeinsame Tochter ihre letzte Ruhestätte gefunden haben. Auf dem aussichtsreichen Bergkegel stand einst die Stammburg des Hauses Württemberg, die 1083 erstmals erwähnt wurde.

Heute liegt der Berg im Landschaftsschutzgebiet „Wein- und Obstbaulandschaft Württemberg und Götzenberg", das die durch den Weinbau geprägte traditionelle Kulturlandschaft bei Unter- und Obertürkheim sowie Uhlbach schützt.

Hier beginnt auch der Stuttgarter Stadtteil **Bad Cannstatt**. Rechts ziehen das Stuttgarter Fußballstadion, dann das Festgelände des Cannstatter Wasen vorbei. Auf dem 35 ha großen Festgelände am Neckarufer finden seit 200 Jahren alljährlich zwei große Volksfeste statt, das Cannstatter Volksfest und das Stuttgarter Frühlingsfest. Der Cannstatter Wasen ist seit 2005 Teil des Veranstaltungsgeländes Neckarpark, der den größten Teil des Stadtteils „Wasen" einnimmt, zu dem außerdem noch ein Teil des Mercedes-Benz-Werkes Untertürkheim gehört.

Am Ende des Geländes bietet sich rechts mit dem Überqueren der König-Karl-Brücke der Abstecher durch die Grünanlagen in die **Altstadt** von **Stuttgart** an.

27 *Highlight* am Wegesrand

Mercedes-Benz-Museum

Untertürkheim ist ein Synonym für die Manufaktur mit dem Stern, die hier seit 1903 ihr Stammwerk hat. Seit 2006 befindet sich auch der Konzernsitz der Daimler AG wieder in Untertürkheim.

Das eigens für das Museum entworfene Gebäude des niederländischen Architekten Ben van Berkel ist an sich schon einen Besuch wert. Um das Atrium winden sich zwei schräge Ebenen in einer an die Doppelhelix der DNA angelehnten Form (Trefoil) von oben nach unten.

Die so entstandenen zwei Rundgänge („Mythos" und „Collection") führen in zwei Ausstellungen von oben nach unten und ziehen sich über neun Ebenen. Gezeigt werden 160 Fahrzeuge und mehr als 1.500 Exponate, die die Besucher auf eine Zeitreise durch die Automobilgeschichte seit 1886 mitnehmen. 1886 steht für Daimlers Motorkutsche, am Ende der Zeitreise finden sich die Silberpfeile, Formel-1-Boliden und futuristische Forschungsfahrzeuge des Konzerns. Schon früh hat dieser begonnen, eine eigene Fahrzeugsammlung aufzubauen, ein erstes Museum wurde 1936 zum 50-jährigen Jubiläum eröffnet.

www.mercedes-benz.com/de/classic/museum/

Wissenswertes im Gepäck

Gut verhandelt

Untertürkheim und Mercedes

Manchmal kommt es einfach auf geschicktes Verhandeln an. 1900 einigte sich der Untertürkheimer Schultheiß (Ortsvorsteher) Eduard Fiechtner nach langen und zähen Verhandlungen mit Gottlieb Daimler und Wilhelm Maybach darauf, dass sich die Daimler-Motoren-Gesellschaft im damals noch eigenständigen Untertürkheim und nicht in Schorndorf ansiedeln würde. Fiechtner garantierte der Firma einen Eisenbahnanschluss und Elektrizität aus dem neu gebauten Wasserkraftwerk. So kam es am 15. August 1900 zu einem Vertrag über „185.000 Quadratmeter Baugebiet im Gewann Kies“ zwischen Gemeindevertretern und Vertretern des Autounternehmens. Seit April 2006 ist Untertürkheim auch wieder Konzernsitz der Daimler AG.

„Zwischen Wald und Reben“ – Talkessel Stuttgart

Die Stuttgarter Kernstadt liegt im **Stuttgarter Talkessel** „zwischen Wald und Reben“; er wird vom nordostwärts dem Neckar zufließenden Nesenbach durchflossen. Das Stadtgebiet erstreckt sich über eine Höhendifferenz von fast 350 m. Stuttgart ist erstaunlich grün, es gibt viele ausgedehnte Grünanlagen wie den Rosensteinpark, den Schlossgarten und den Höhenpark, aber auch dichte Bebauung mit vielen weniger schönen Nachkriegsbauten sowie bedeutende Baudenkmäler und Kirchen. Schönster und größter Platz ist der **Schlossplatz** 28.

Der Radweg folgt weiter dem Neckar durch eine schöne Parkanlage mit dem Stadtstrand Stuttgart. Für einen Besuch des historischen Zentrums von **Bad Cannstatt** 29 folgt man dem Radweg bis zur Einmündung in die Badstraße und biegt dann rechts in die Gassen Richtung Markt ein.

Der älteste Stadtteil der Stadt hat sich seinen Charakter am besten bewahrt. Eines der ältesten Wohnhäuser in Stuttgart steht in Bad Cannstatt: Das Klösterle, das Mitte des 15. Jhs. als Kranken- und Armenhaus der Beginen errichtet wurde. Auch sonst gibt es romantische Gassen mit historischen Häusern und urigen Wirtschaften. Was auch nicht jeder weiß: In Bad Cannstatt sprudelt täglich über 44 Millionen Liter hochwertiges Mineralwasser aus den Quellen, drei städ-

Wissenswertes im Gepäck

Stuttgarter Talkessel

Fluch und Segen zugleich

Stuttgarts ganz spezielle Lage in einem von grünen Hügeln eingerahmten Kessel in einer Talweitung des Nesenbachs oberhalb der Mündung in den Neckar ist Fluch und Segen zugleich.

Segen, weil man relativ schnell im Grünen ist, Fluch wegen der oft schlechten Luft, die bei Inversionslagen nicht abziehen kann. Der Stuttgarter Kessel ist wärmebegünstigt und zudem regenärmer als sein Umland, erst dieses Mikroklima macht den Weinanbau an den Hängen in der Stadt möglich, führt aber auch dazu, dass es im Sommer unerträglich schwül werden kann.

Der Höhenunterschied zwischen Hochfläche und Tal beträgt bis zu 220 m. Die Fahrräder transportierende Zahnradbahn zwischen Marienplatz (260 m) und Degerloch (465 m) überwindet in einer Panoramafahrt mehr als 200 Höhenmeter. Die besten Aussichtspunkte über der Stadt sind der Birkenkopf (511 m) und der Fernsehturm auf dem Hohen Bopser (483 m).

Im Talgrund zwischen Altstadt und Neckar erstrecken sich auf rund 4 km Länge die Parkanlagen des Oberen, Mittleren und Unteren Schlossgartens – eine grüne Oase mit alten Bäumen, ausgedehnten Rasenflächen, glitzernden Seen und Wasserspielen. Angelegt wurde dieses Gartenparadies unter Friedrich I., der 1803 erster König von Württemberg wurde.

Im Rahmen mehrerer Bundesgartenschauen wurden die Anlagen immer neu gepflegt und umgestaltet. Durch diese Anlagen erreicht man autofrei vom Neckartal-Radweg aus die Stuttgarter Innenstadt.

tische Mineralbäder (u. a. das MineralBad Cannstatt am Kurpark) werden ständig mit frischem Mineralwasser gespeist.

In Bad Cannstatt wird auf der **Rosenbrücke** der Neckar gequert. Wer sich danach links hält, erreicht nach wenigen Metern den Haupteingang des **Zoos Wilhelma,** der ebenfalls zu Bad Cannstatt gehört und einer der Hauptsehenswürdigkeiten Stuttgarts ist. Benannt ist der größte Zoologisch-Botanische Garten Europas nach dem gleichnamigen „Badhaus", das König Wilhelm I. nach der Entdeckung von

Stuttgarts Schlossplatz mit Neuem Schloss.

Highlight am Wegesrand **28**

Schlossplatz

Stuttgarts „elegante Stube"

Stuttgarts elegante „gute Stube" ist der von imposanten und repräsentativen Residenzgebäuden umrahmte Schlossplatz. Neben einer barocken Gartenanlage mit Brunnen und Musikpavillon, der 30 m hohen Jubiläumssäule mit einer Figur der Göttin Concordia finden sich am ehemaligen Paradeplatz markante Gebäude wie der monumentale **Königsbau** im Westen. Dieser wurde 1856–60 als Geschäfts-, Ball- und Konzerthaus errichtet, heute befinden sich darin die „Königsbau-Passagen".

Nach Süden hin begrenzen die **Alte Kanzlei** (dahinter der Schillerplatz, der Marktplatz der Stadt) und das **Alte Schloss** (Geschichtsmuseum) den Schlossplatz, im Osten erhebt sich das **Neue Schloss**. Neben den Königsbau-Passagen zieht seit 2005 der Kubus des **Kunstmuseums Stuttgart** (Moderne und zeitgenössische Kunst) die Besucher an. Durch den Schlossplatz verläuft die **Königstraße**, heute die Hauptfußgängerzone.

Die Rasenflächen des Schlossplatzes, die plätschernden Brunnen und die rundherum liegenden Cafés laden im Sommer zu einer willkommenen Auszeit vor historischer Kulisse ein.

Highlight am Wegesrand **29**

Bad Cannstatt

Autos und Mineralwasser

Stuttgarts größter und ältester Stadtbezirk ist nicht nur die Wiege des Automobilbaus, sondern hier sprudeln auch die größten Mineralwasservorkommen Deutschlands.

Mit der Entdeckung der Mineralquellen 1773 entwickelte sich die Stadt Cannstatt, gefördert durch König Wilhelm I., zum Kurort mit Badehaus, Kurhaus und Kurpark. Dort findet man auch das Mineral-Bad Cannstatt, dessen Becken mit 18 °C kühlem Mineralwasser und 30 bis 36 °C warmer Sole gefüllt sind. Nach Budapest finden sich hier die größten Mineralwasservorkommen Europas – 44 Millionen Liter sprudeln hier täglich aus den gefassten Quellen. Auch die beiden anderen städtischen Mineralbäder, das Leuze und das Mineralbad Berg, werden ständig mit frischem Mineralwasser gespeist.

Am südlichen Rand des Kurparks (Taubenheimstraße 13) erinnert die ehemalige Versuchswerkstatt von Gottlieb Daimler und Wilhelm Maybach an die Pionierzeit des Automobilbaus.

Mineralquellen (1829) im Rosensteinpark im maurischen Stil errichten ließ.

Der Radweg entlang des linken Flussufers führt in einem großen Linksbogen an **Münster**, den kleinsten der Stuttgarter Stadtbezirke, vorbei. Wenig später steht man vor der eindrucksvollen 9 m hohen und fast senkrechten Wand des **Naturdenkmals Lößwand Austraße**. Sie ist Teil der Ostflanke des Schnarrenbergs, einer 316 m hohen Erhebung über dem Neckar. In der Wand hat man Fossilien seltener Schnecken und Knochenreste eines Mammuts entdeckt; die Höhlen in der Wand bieten zudem Insekten und Vögeln eine Brut- und Wohnstätte.

Landschaftlich sehr schön ist die weitere Fahrt mit Blick auf die Weinberge von Freiberg. Teilweise sind sie so steil, dass es technischer Hilfen in Form von ausgefeilten Transportsystemen bedarf, um die mit Reben gefüllten Bütten ins Tal zu befördern. Wenig später führt der Max-Eyth-Steg über den Neckar ins **Vogelschutzgebiet Max-Eyth-See.** Stuttgarts größter, etwa 600 m langer See entstand 1935

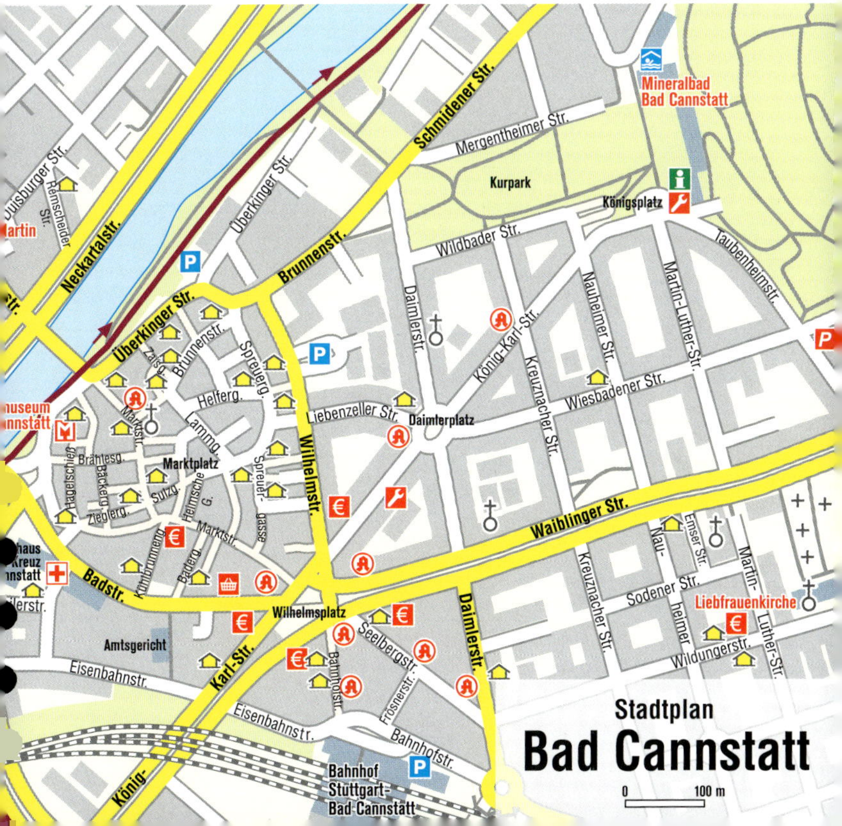

Idyllischer Max-Eyth-See vor den Toren der Metropole.

als Baggersee während der Kanalisierung des Neckars, benannt ist er nach dem Landwirtschaftspionier Max von Eyth. Radeln, Wandern, Angeln, Segeln, Grillen, Bootfahren – fast alles ist hier erlaubt, nur das Baden nicht. Dafür lockt aber ein Biergarten! Der See ist durch seine Lage am Neckar und zu Füßen der steilen Weinberge von Stuttgart-Mühlhausen am linken und Hofen am rechten Neckarufer ein beliebtes Naherholungsgebiet.

Zurück in die Natur

Das von Industrie geprägte Stadtgebiet von Stuttgart wird nun verlassen – das gegenüber vom Klärwerk am rechten Neckarhochufer gelegene Naturschutzgebiet **Oeffinger Scillawald** liegt bereits auf dem Gebiet der Stadt Fellbach. Autofrei zieht der Radweg zwischen Wald und Fluss nordwärts in den Remsecker Stadtteil **Neckargröningen**.

Am gegenüberliegenden Ufer erhebt sich das kleine neugotische **Schloss Remseck** (1844, Wohnhaus) über der Einmündung der Rems in den Neckar, es ist das bekannteste der sechs Remsecker Schlösser. Den Neckar überspannt neben der Straßenbrücke der moderne, glasgedeckte Neckarsteg, eine 80 m lange Fuß- und Radwegbrücke aus Holz. Über die Mündung der Rems wiederum zieht sich der baugleiche 60 m lange Remssteg, über den man den **Neckarstrand Remseck** erreicht, einen kleinen, künstlich angelegten Sandstrand.

Neben dem Besuch von Remseck bietet sich von hier aus die Fahrt durch das reizvolle, von mehreren Flussschleifen geprägte **Untere Remstal** nach **Waiblingen** 30 an.

Vom Radweg führt im nächsten Linksbogen rechts ein Bohlenweg

Durchs Untere Remstal
nach Waiblingen

Das Untere Remstal zwischen der Mündung in den Neckar und Waiblingen zählt zu den ursprünglichsten Seitentälern des Neckars. Ein Blick auf die Karte zeigt, dass die Rems hier in eindrucksvollen Mäandern zwischen bis zu 70 m hohen Steilhängen und Muschelkalkflanken durch das Tal strömt. Dank der natürlichen Verkehrsfeindlichkeit erlebt man hier heute noch eine weitgehend naturnahe Flusslandschaft mit Wildwassercharakter.

Durch das Naturschutzgebiet führt ein über weite Strecken asphaltierter Rad- und Wanderweg. Wein- und Obstbau fehlen hier wegen der Steilheit der Hänge weitgehend, an vielen Stellen erkennt man aber im Wald die alten Trockenmauern und Terrassen des früheren Weinanbaus. Dazu kommen uralte Hangwälder, in denen über 100 Jahre alte Buchen, Hainbuchen und Eichen wachsen.

Die Fahrt endet in der schönen Altstadt von **Waiblingen**, dessen Zentrum der von sehenswerten mehrstöckigen bunten Fachwerkhäusern gesäumte Marktplatz ist. Auf Arkaden ruht das Alte Rathaus, das 1730 nach einem Stadtbrand neu gebaut wurde.

Das Wahrzeichen der Stadt, der 45 m hohe Hochwachtturm am Zwinger kann bestiegen werden, den Schlüssel erhält man in der Touristinformation. Dank seiner Lage am höchsten Punkt der Altstadt bietet er einen imposanten Rundumblick.

Erhalten geblieben sind auch der mittelalterliche Wehrgang der überdach-

Fachwerkstadt Waiblingen.

Waiblingen an der Rems.

ten Stadtbefestigung und der Beinsteiner Torturm (13. Jh.) an der Rems. Der Wehrgang kann begangen werden.

Einen architektonischen Kontrapunkt zur Fachwerkromantik setzt die **Galerie Stihl** mit ihrem **Kunstmuseum**: Zwei ovale Flachdachbauten des Stuttgarter Architekten Hartwig Schneider, die ohne Sockel und ohne Dachabschluss am Remsufer stehen.
Wahlweise als Ufo oder Farbschachtel bezeichnet, ist das sogenannte Marktdreieck, das zweite, 1975 gebaute moderne Gebäude in der ansonsten von Fachwerkgebäuden geprägten Innenstadt.

www.waiblingen.de

Naturbiotop Zugwiesen

Erfolgreiche Renaturierung

Nach der Fahrt durch den Großraum Stuttgart hat man selbst erlebt, wie stark der Neckar in seinem natürlichen Lauf eingeschränkt ist. Wenig ist vom ursprünglich „wilden Wasser“ (so die Übersetzung des Namens) erhalten geblieben. Durch Staustufen und betonierte Ufer wurde zwar die Hochwassergefahr minimiert und der Fluss für die Schifffahrt optimiert, natürlich ist hier allerdings kaum noch etwas.

Das Projekt „Zugwiesen“ zeigt anschaulich, dass es auch anders gehen kann, dass die Anforderungen einer modernen Industriegesellschaft sich dennoch mit den Bedürfnissen von Menschen, Tieren und Pflanzen in Einklang bringen lassen. Der 1,7 km lange und 3 bis 5 m breite Zugwiesenbach bildet eine „Umgehungsrinne“, die den Neckar ober- und unterhalb der Schleuse Poppenweiler verbindet. Hier kann der Neckar nun wieder breit fließen, sich seinen eigenen Weg suchen, es gibt Seen und zum Neckar hin geöffnete Seitengewässer, die wiederum wichtige Lebensräume für Fische, Reptilien und Amphibien sind.
www.nabu-ludwigsburg.de/natur-in-lb/

Die Zugwiesen Poppenweiler im Mäander des Neckar.

Burgruine Hoheneck.

ins **Naturbiotop Zugwiesen**. Landschaftlich ist dieser Abschnitt ausgesprochen reizvoll – folgt der Radweg doch ufernah dem Fluss, mal durch die wiesenreiche Auenlandschaft des Gleithangs, dann wieder am Fuß der Steilhänge des Prallhangs. Zwischen Poppenweiler und Marbach hat der Fluss einen perfekten Mäander geschaffen.

Nach der Schleuse Poppenweiler erreichen wir wenig später das Freibad Hoheneck, am gegenüberliegenden Prallhang liegen die Weinterrassen des Weinortes **Neckarweihingen**. Dort bietet sich der kurze Abstecher auf dem Heilbadweg zu den großen Schloss- und Parkanlagen des westlich liegenden **Ludwigsburg** 31 an. Dort lohnen Schloss Favorite im Favoritepark und natürlich das Residenzschloss Ludwigsburg einen Besuch.

Zurück am Neckar, verläuft der Radweg unterhalb des Ludwigsburger Stadtteils **Hoheneck**, das 500 Jahre älter ist als Ludwigsburg. Hier findet man im historischen Ortskern des früheren Burgstädtchens noch einige intakte Gebäude aus dem 15. Jh., schöne Fachwerkhäuser und eine **Burgruine**. Weiterhin führt der Radweg am Fuß des nächsten Prallhangs entlang. Die zur Sonne hin ausgerichteten Weinlagen sind ausgesprochen steil.

Wenn sich der Prallhang zum Gleithang wandelt, zeigt sich rechts zum ersten Mal die befestigte Altstadt von Marbach auf einem Sporn über dem Neckar. Kurzzeitig folgt der Radweg nun dem parallel zum Fluss geführten Neckarkanal Marbach zur Schleuse, wenig später ist die Fußgänger- und Radfahrerbrücke über den Neckar erreicht, von der es nicht weit in die traumhafte Fachwerk-Altstadt von **Marbach** 32 ist.

Ludwigsburgs Schlösser
– drei zur Auswahl

Das **Residenzschloss**, das zwischen 1704 und 1733 gebaut wurde, ist eine der größten barocken Schlossanlagen Deutschlands – als Vorbild diente dem größenwahnsinnigen Herzog Eberhard Ludwig Frankreichs Schloss Versailles. Zeitweise wurde das Schloss auch als Residenz- und Hauptstadt des Herzogtums Württemberg genutzt. Zum Gesamtensemble gehören neben der barocken Parkanlage, die das Schloss auf drei Seiten umgibt, auch zwei Lustschlösser: Favorite und Monrepos.

Geplante Stadt

Die Planungen für die zeitgleich errichtete barocke Planstadt Ludwigsburg begann 1709, die Stadt wurde schließlich ab 1718 westlich des Schlosses errichtet und besticht heute mit großen Plätzen und schönen Häuserzeilen.

Museen im Residenzschloss

Neben den fürstlichen Prunk- und Wohnräumen gibt es zahlreiche Ausstellungen: Ein **Modemuseum** (Kleidung und Modeaccessoires vom Rokoko bis in die 1960er-Jahre), ein **Keramikmuseum** (Kunst und Tischkultur von der Renaissance bis heute), das **Kinderreich** (Mitmachmuseum), die **Barockgalerie** (Gemäldesammlung) und ein **Lapidarium** mit überlebensgroßen Sandsteinfiguren.

Favoritepark und Jagdschloss Favorite

Der 70 ha große Favoritepark oberhalb von Ludwigsburg zählt mit bis zu 300 Jahre alten Eichenbeständen zu den wichtigsten Erholungsräumen

Jagdschloss Favorite

zwischen Stuttgart und Heilbronn. Schon 1707 wurde der ehemalige „Mönchwald" eingezäunt und eine Fasanerie angelegt, 1717–23 erfolgte dann der Bau des barocken **Jagdschlosses Favorite**, nach dem der Park benannt ist. An die Stelle der Fasane trat ab dem ausgehenden 18. Jh. der Besatz durch Schalenwild, das bis heute entscheidend das Aussehen des Parks prägt: Wegen des Wildverbisses wachsen keine Bäume nach, auch Sträucher und Buschwerk gibt es kaum, den Wiesen fehlt fast jeglicher Blumenschmuck. Die alten Bäume, das Grün der Wiesen und dazwischen die äsenden Tiere bestimmen das Bild des Parks.

Die asphaltierte, von Kastanien und Linden gesäumte Hauptallee führt

Schloss Monrepos.

von Schloss Favorite schnurgerade durch den Park; an Samstagen, Sonn- und Feiertagen darf sie im Park nicht mit dem Rad befahren werden.

Schloss Monrepos
Das Rokoko-Seeschloss Monrepos im Nordwesten der Stadt ist öffentlich nicht zugänglich, der zu Beginn des 19. Jhs. angelegte Landschaftspark mit seinen geschwungenen Alleen rund um den See kann besucht werden. Die Kapellen- und die Amorinsel sind künstliche Inseln und Vogelschutzgebiet, auf der **Kapelleninsel** thront seit 1945 nur mehr eine Ruine über dem See.

www.schloss-ludwigsburg.de

Ruine der Kapelle auf der Kapelleninsel.

Eindrucksvoll ist auch der Blick auf das Bahnviadukt, das sich unmittelbar nördlich des Stegs erhebt.

Gegenüber von Marbach liegt **Benningen am Neckar.** Der Weinbauort an der Württemberger Weinstraße liegt in einer Neckarschleife gegenüber der Mündung der Murr in den Neckar. Im neuen Rathaus in der Nähe des S-Bahnhofs befindet sich ein Römermuseum, daneben eine Freilichtanlage mit einer Jupitergigantensäule und einem Teilstück einer Römerstraße. Der Gasthof „Zum Adler" beherbergt ein Heimatmuseum.

Über die Marbacher Straße erreicht man die nächste Neckarbrücke, an der der Fluss gequert wird. Zwischen dem Fluss zur Linken und den steil aufragenden Weinbergen zur Rechten folgen wir dem Fluss auf autofreien Wirtschaftswegen am Fuß steiler Weinberglagen mit freiliegenden Felsen im oberen Hangbereich. Vorbei

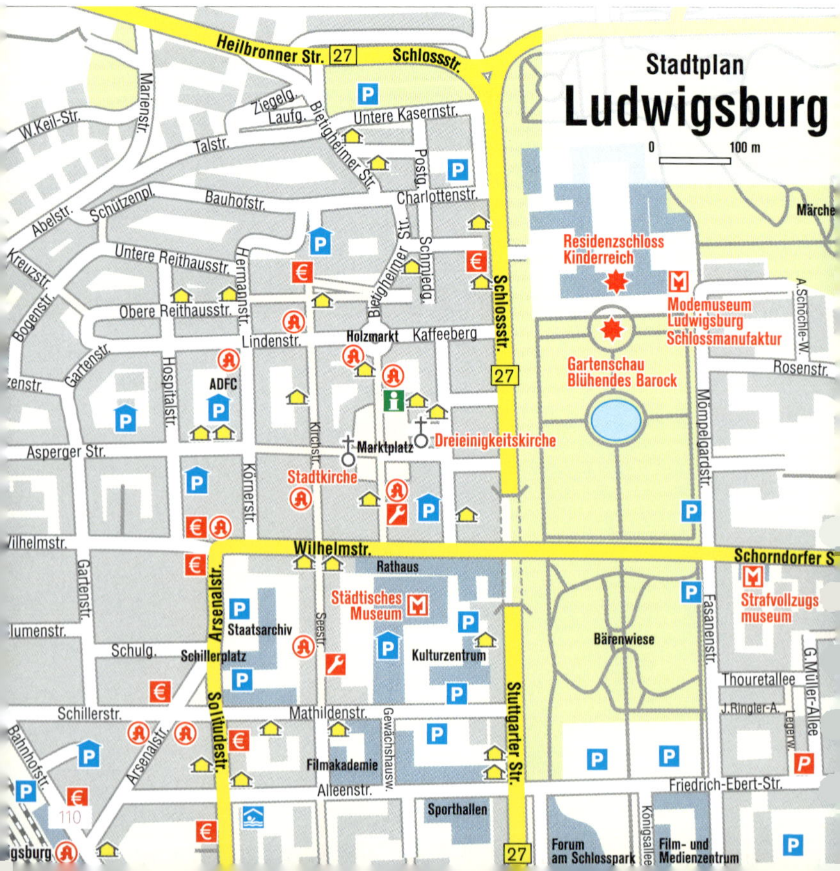

an Wiesen und Obstgärten geht es zur nächsten Neckarbrücke, die über den Neckarkanal und wenig später über den Altneckar (Altarm) führt.

Wir passieren den Ortsrand von **Freiberg am Neckar** und erreichen den Ortsrand der Winzergemeinde **Ingersheim** und wenig später **Großingersheim**, wo der Radweg hinüber nach **Pleidelsheim** wechselt. Hier finden sich im Ortskern neben vielen Fachwerkhäusern aus dem 16. Jh. auch einige Tabakschuppen – bis vor wenigen Jahren wurde hier noch Tabak angebaut. In den öffentlichen Schuppen konnten Kleinbauern ihren Tabak trocknen. Die romanische Mauritiuskirche wird 1300 erstmals erwähnt; der mächtige Wehrturm aus dem 14. Jh. gilt als Wahrzeichen Pleidelsheims und ist schon von Weitem sichtbar.

Am Ortsende führt der Weg über die Felder zurück zum Fluss, auf dem gegenüberliegenden Steilhang thront das

Highlight am Wegesrand 32

Schiller- und Literaturstadt

Marbach

Die von Weinbergen und Obstgärten umrahmte Altstadt steht seit 1983 als Gesamtensemble unter Denkmalschutz, innerhalb der Stadtmauer laden enge, von Fachwerkhäusern gesäumte Gassen zu einer Zeitreise ein.

Das mächtigste Bauwerk der weitgehend erhaltenen mittelalterlichen Stadtbefestigung ist der Obere Torturm, der auf fünf Ebenen das **Museum zur Stadtgeschichte** beherbergt.

Hauptkirche der Marktstadt war die **Alexanderkirche**, die Mitte des 15. Jhs. aus einer romanischen Basilika zu einem gotischen Prachtbau umgebaut wurde.

Unter den Fachwerkhäusern mit ihren Renaissance- und üppigen Barockportalen nimmt sich **Schillers Geburtshaus** in der Niklastorstraße 31 eher bescheiden aus. Hier werden Erinnerungsstücke aus dem Alltag des Dichters gezeigt. Auf der Schillerhöhe betreut das **Schiller-Nationalmuseum** in einer Parkanlage mit schönem Blick ins Neckartal die literarischen Hinterlassenschaften des Dichters.

Schloss von Kleiningersheim. Steil ragen rechts die mit Reben bepflanzten Hänge auf.

Durchbruchstal
Hessigheimer Sattel
Die Fahrt entlang der nun folgenden Neckarschleifen zählt zu den landschaftlichen Highlights des Mittleren Neckartals. Der Radweg bleibt nun unten am Fluss und verläuft auf der Außenseite der **Mundelsheimer Schleife** an den Mühlbachweinbergen und der hübschen Ortsfront des Fachwerkortes Mundelsheim vorbei. Nach einem Bummel durch den Ort sollte man bei guter Sicht noch den **Aussichtspunkt Käsbergkanzel** 33 besuchen, von dort hat man den schönsten Blick auf die Neckarschleife.

Bei der nächsten Neckarbrücke halten wir uns links in den Winzerort Hessigheim, der auch Namensgeber der **Hessigheimer Felsengärten** 34 ist. Die von den Einheimischen auch „Schwäbische Dolomiten“ genannten Felsen sind das Kletterparadies des mittleren Neckars. Das zerklüftete 500 m lange Muschelkalkgebiet aus Türmen, Schluchten und bizarr verwitterten Graten gewährt eine hervorragende Aussicht auf den Neckar und wird auf den flussabgewandten Seiten beklettert. Vom Radweg aus sind die als Naturschutzgebiet ausgewiesenen Felsengärten ab dem Weingut Eisele in 20 Minuten zu Fuß erreichbar – ein lohnenswerter Abstecher!

Der Radweg schneidet die Hessigheimer Neckarschlinge ab, überquert am Beginn der Felsengärten den Neckar auf einer Stegbrücke (von hier kann man ebenfalls zu Fuß zu den Felsengärten aufsteigen) und wendet sich

Lohnenswerter Schlenker 33

Käsbergkanzel

Traumblick auf die Neckarschleife

Die Weinberge bei Mundelsheim rund um die Neckarschleife sind wie ein riesiges Amphitheater in unzähligen kleinen Terrassen angelegt, vom Fluss in der Talsohle ziehen sie sich rund 100 m den Muschelkalkhang hinauf. Die Steillagen liegen windgeschützt und für den Weinbau im optimalen Winkel zur Sonneneinstrahlung.

Ab dem Wanderparkplatz nördlich des Ortes sind es auf dem Käsberghöhenweg (Nr. 2) rund 3,5 km bis zum Aussichtspunkt Käsbergkanzel.

Lohnenswerter Schlenker 34

Wanderung zu den **Hessigheimer Felsengärten**

Blick von den Felsengärten auf die Steillagen.

Wer sich die Felsen näher anschauen und einen fantastischen Blick auf die Neckarschleife werfen will, stellt beim Weingut Eisele das Rad ab, quert die Besigheimer Straße und wandert auf der Felsengartenstraße hinauf zu den Felsengärten. Wenig später hält man sich links und folgt dem Wanderweg hinauf ins Klettergebiet. Hat man den Gedenkstein erreicht, hält man sich an der folgenden Weggabelung links und wandert nun unterhalb der Felsen zurück zum Weingut.
Gehzeit: 1 Stunde, 3 km

am Ufer nach rechts. Schon bald hat man einen tollen Blick auf die schroff aufragenden Muschelkalkfelsen der Felsengärten am gegenüberliegenden Ufer, die sich 80 m über der Talsohle und über den Steillagen erheben.
An den Neckartalseen und am Freibad vorbei geht es in den schönen Neckarort **Besigheim** (35), dessen sehenswerte Altstadt an der Mündung der Enz liegt.

Für die Fahrt in den zweiten Teil der Doppelstadt – **Bietigheim** (36) – empfiehlt sich der Radweg entlang der Enz.

Wissenswertes im Gepäck

Durchbruch

durch den Hessigheimer Sattel

Der Durchbruch durch den Hessigheimer Sattel zählt zu den landschaftlich schönsten Abschnitten des Mittleren Neckartals. Zwischen Mundelsheim und Besigheim wölben sich die Muschelkalkschichten rund 60 m auf, der Fluss hat sich in tiefen Schleifen durch das Gestein gegraben, flankiert von Steilhängen und Felsen wie den Felsengärten von Hessigheim, die die Talsohle um 80 m überragen.

Drei großflächige Naturschutzgebiete wurden in diesem Gebiet ausgewiesen: Die Felsengärten auf der Hessigheimer Seite, die Neckarhalde am südlichen Prallhang und der Haldenrain unterhalb von Mundelsheim.

Blick über die Enz auf Besigheim.

Highlight am Wegesrand 35

Besigheim

Zwei-Flüsse-Stadt

Die hübsche Weinstadt zu Füßen steil aufragender terrassierter Weinhänge wurde auf einem Bergsporn über dem Zusammenfluss von Enz und Neckar errichtet.

Das eindrucksvolle mittelalterliche Stadtbild, das zu den am besten erhaltenen in Süddeutschland zählt, prägen die wuchtige Befestigungsanlage mit ihren stauferzeitlichen Rundtürmen, die am Übergang von der Romanik zur Gotik errichtet wurden. Sie sind 29 m hoch und haben 4 m dicke Mauern. Die hohen Stadtmauern waren einst doppelt so hoch, 1805 wurden sie bis zur halben Höhe abgetragen, auch einige der Tortürme wurden entfernt und neue Durchbrüche angelegt. Dennoch ist die Struktur der Stadtbefestigung fast vollständig erhalten. Zu den Landmarken des Ortes zählt die Obere Burg. Der 1220 errichtete Hauptturm, der Schochenturm, ist mit 36 m etwas höher als der Waldhornturm. Das Steinhaus daneben ist der einstige Palas der Burganlage.

Der Schochenturm überragt die Altstadt.

Fachwerkidylle.

Die gotische Stadtkirche vor der Oberen Burg birgt einen 13 m hohen Lindenholzaltar. Weithin sichtbares Wahrzeichen der Stadt ist das spätgotische hochgiebelige Rathaus im Fachwerkstil. Das Gebäude am Westende des Marktplatzes war 1459 als Kaufhaus bzw. Markthalle (Erdgeschoss) und Tanzhaus (erster Stock) gebaut worden, wurde aber auch als Gerichtshaus und Fruchtkasten genutzt. Das Rathaus überragt alle anderen Bauwerke der Stadt. Von der Enzbrücke aus ist der Blick auf die lang gezogene Silhouette der Stadt mit ihrer unregelmäßigen, aber doch harmonischen Abfolge von Giebeln, Wänden und Dächern sehr eindrucksvoll.

Besigheimer Skulpturenpfad
In der Altstadt gibt es immer wieder Aha-Momente, denn entlang des Skulpturenpfades trifft mittelalterliche Architektur auf moderne Kunst. So klettert etwa an der alten Stadtmauer ein knallroter „Flossi“ der Künstlerin „Rosalie“ hinauf, auf dem Transformatorenhäuschen darunter kauert ein „Dachreiter“ von Anette Mürdter.

Der Skulpturenpfad wurde zum 850-jährigen Stadtjubiläum angelegt. An markanten Standorten wie Enz- und Neckarbrücke, Rathaus- oder Kelterplatz stößt man auf Skulpturen, Plastiken und Installationen.

www.besigheim.de

Auf dem Enztalradweg nach
Bietigheim-Bissingen

Blick über die Enz auf Bietigheim.

Wegstrecke von Besigheim nach Bietigheim: 3 km

Auch die Doppelstadt Bietigheim-Bissingen begeistert mit einer schönen Altstadt. Am historischen Marktplatz steht ein imposantes **Fachwerk-Rathaus** von 1507, das ebenso eindrucksvoll ist wie das 1546 errichtete **Bietigheimer Schloss**, das als Amtsschloss diente, als Bietigheim württembergische Amtsstadt wurde. Als einziges Stadttor blieb das Untere Tor (14. Jh.) erhalten. Das bedeutendste Bauwerk der Stadt ist das Renaissance-Bürgerhaus **Hornmoldhaus**, das 1535/36 durch Sebastian Hornmold d. Ä. gebaut wurde. Sehenswert sind innen die Ausmalungen aus der Renaissancezeit, die sich besichtigen lassen, da sich im Haus das Stadtmuseum befindet.

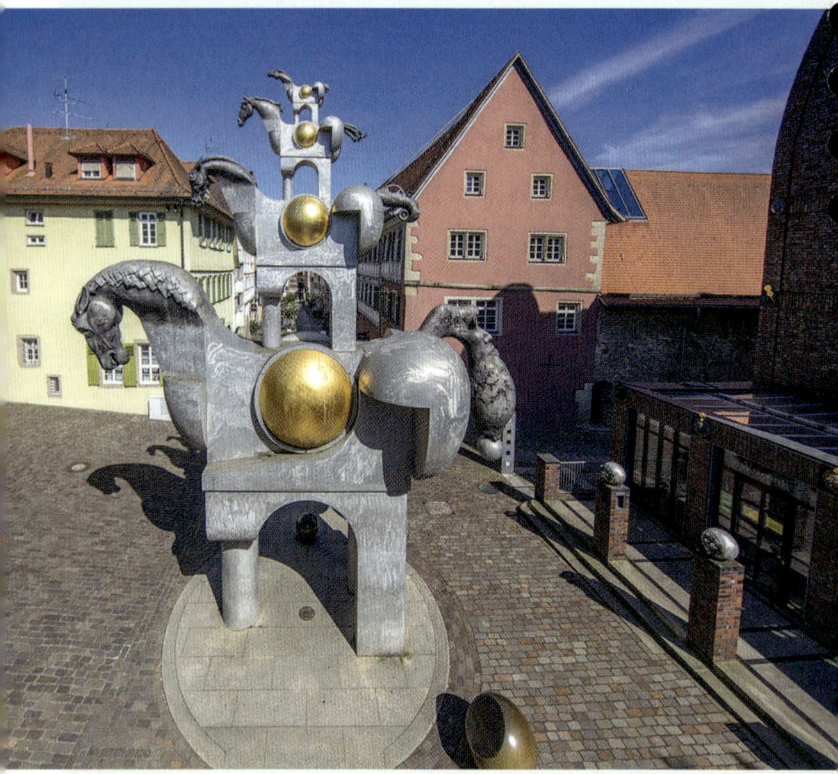

Der „Turm der grauen Pferde", rechts die Villa Visconti, im Hintergrund (rot) das Schloss.

Am Hillerplatz steht direkt neben dem Schloss in der Hauptstraße die **Villa Visconti,** die 2002 von den Architekten Jo Frowein und Dieter Schafer geplant wurde. Das „Haus der Köpfe" ist ein echter Hingucker in der Altstadt. Davor steht die riesige Skulptur „Turm der grauen Pferde" *www.bietigheim-bissingen.de*

Bietigheimer Eisenbahnviadukt

Von der Radbrücke in die Altstadt hat man einen guten Blick auf das 287 m lange **Eisenbahnviadukt,** das aus 21 Bögen besteht und am höchsten Punkt 33 m erreicht. Es zählt zu den schönsten Brücken aus der Frühzeit der deutschen Eisenbahnen und ist eines der Wahrzeichen der Stadt. *www.enztalradweg.de*

Essen, Trinken & Durchatmen

Ein kulinarischer Abzweig

Das Bootshaus am Hechtkopf liegt auf einer Landzunge am Zusammenfluss von Neckar und Rems. Hier kann man sich im Restaurant (mit Terrasse und Aussichtssteg) auf schwäbische und griechische Spezialitäten sowie viele Fischgerichte freuen. Im Biergarten kommen noch bayerische Biergartenklassiker dazu.

Bootshaus am Hechtkopf
Marktplatz Str. 5
71686 Remseck am Neckar
Tel. +49 7146 280 99 90
www.bootshausamhechtkopf.net

In der Marktwirtschaft Besigheim geht es gesellig zu, hier treffen sich Einheimische und Gäste in einer Mischung aus Restaurant und modernem Bistro. Ergänzend gibt es den Marktkeller Brasserie & Vinothek, wo zu kleinen Köstlichkeiten der passende Wein zum Probieren kredenzt wird.

Marktwirtschaft Besigheim
Marktplatz 2
74354 Besigheim
Tel. +49 7143 909 90 91
www.marktwirtschaft-besigheim.de

Marktwirtschaft Besigheim.

Bad Wimpfen – die Kaiserpfalz als Scherenschnitt.

5 Schlenker & Highlights

39 **km**

Streckenprofil

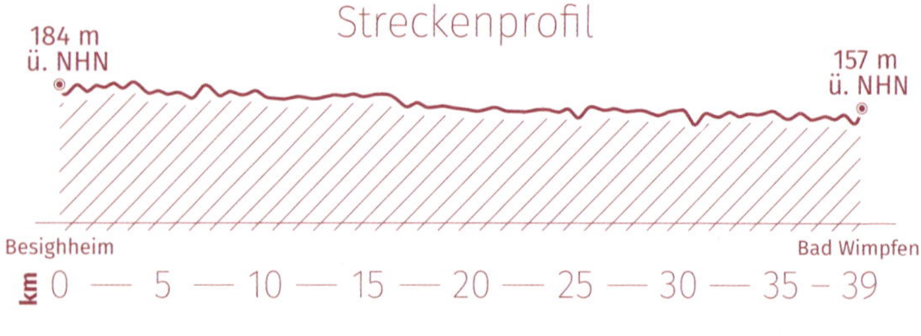

Salz und eine Kaiserpfalz

Von Besigheim an der Mündung der Enz geht es längs der Neckarschlingen weiter in die Hölderlin-Stadt Lauffen. Auf dieser Strecke hat sich der Neckar bis zu 100 m tief in den Muschelkalk eingeschnitten und ein breites Kastental mit weit ausholenden Mäandern geschaffen, die von steilen Felswänden flankiert werden.

Von Weinort zu Weinort

Nach Überqueren der Enz unweit der Einmündung in den Neckar führt der Radweg in den denkmalgeschützten Ortskern des Fachwerkdorfs **Walheim**. Die Winzergemeinde liegt an der Württemberger Weinstraße. Das Museum Römerhaus Walheim mit Jupitergigantensäule im Ortskern umfasst das Gelände eines 1986 entdeckten römischen Handelshauses – es gilt als das am besten erhaltene Römerhaus dieser Art nördlich der Alpen. An die lange Geschichte als Weinort erinnert die Historische Weinpresse am Radweg. Auch am gegenüberliegenden Ufer liegt ein Weinort: **Gemmrigheim.** Auch im nächsten Ort am linken Flussufer dominiert der Weinbau: **Kirchheim am Neckar** liegt ebenfalls an der Württemberger Weinstraße und hat einen Ortskern mit hübschen Fachwerkhäusern. Der Neckartal-Radweg verlässt den Ort, der im Mittelalter den Status eines Reichsdorfes hatte, durch das Neckartor. Dieses war eines von mehreren bewehrten Toren der Ortsbefestigung.

Es folgt eine landschaftlich großartige Fahrt entlang einer engen Neckarschlaufe. Wer Zeit hat, sollte in der Schleife einen der Wege hoch in den Weinberg nehmen und sich den Mäander von oben anschauen. Auf der gegenüberliegenden Seite fällt der Blick auf das Kernkraftwerk Neckarwestheim, das 2011 abgeschaltet wurde. Vor dem 18 ha großen Naturschutzgebiet Kirchheimer Wasen, einem der

Highlight am Wegesrand **38**

Lauffener Rathausburg

und Neckarbrücke

Bei der Fahrt auf der 220 m langen Alten Neckarbrücke über den Fluss genießt man ein erstes Mal einen Blick auf die Rathausburg auf der Vogelinsel. Eine erste steinerne Brücke wurde 1474 gebaut, stürzte aber 1529 ein und wurde nur drei Jahre später ein zweites Mal errichtet. Für die Lauffener war die Steinbrücke Fluch und Segen zugleich, da sie während der vielen Kriege im 18. und 19. das Einfallstor der durchmarschierenden Truppen in die Stadt war. So wurde sie oft geplündert und gebrandschatzt.

Die Burg wurde im 11. Jh. als Wasserburg erbaut, später nutzten Vögte und Oberamtsleute die Anlage. Seit 200 Jahren befindet sich das Rathaus in der Burg. Die Rathausburg besitzt den deutschlandweit einzigen erhaltenen salischen Wohnturm, in dem das Lauffener Burgmuseum den Alltag der Menschen in der Salierzeit dokumentiert, weitere Themen sind die Grafenburg im 11. Jh. und die Grafen von Lauffen im Spiegel ihrer Zeit. Der Rathausgarten bietet einen herrlichen Ausblick auf Neckar und die Wehrkirche St. Regiswindis am linken Neckarufer.

Die Weinhänge von Obernhof.

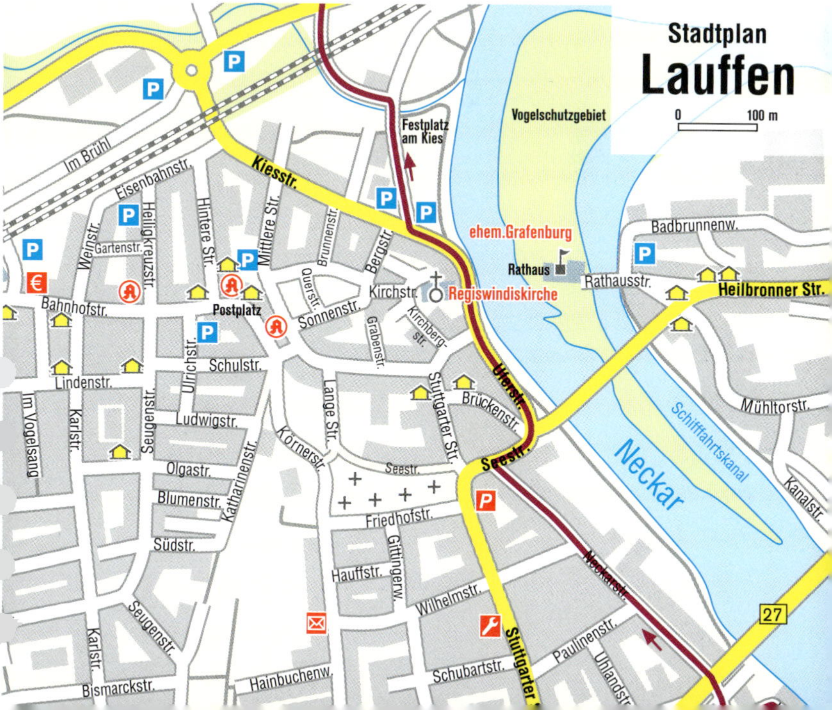

Wissenswertes im Gepäck

Und es werde Licht

Pionierleistung am Neckar

Lauffen bzw. konkreter das Kraftwerk des Württembergischen Portland-Cement-Werks zu Lauffen am Neckar wurde Ende des 19. Jhs. zu einem der Schauplätze der weltweit ersten Drehstrom-Fernübertragung. In den Tagen zuvor schon getestet, wird offiziell der 12. September 1891 als das Datum geführt, an dem die Übertragung mit voller Leistung aufgenommen werden konnte. An diesem Tag brachte die in Lauffen mit Wasserkraft erzeugte elektrische Energie auf dem Gelände der Internationalen Elektrotechnischen Ausstellung im 175 km entfernten Frankfurt am Main 1.000 installierte Glühbirnen zum Leuchten. Verantwortlich für diese Pioniertat war Oscar von Miller. Die Fernübertragung von 20.000 Volt Drehstrom von Lauffen bis Frankfurt am Main war eine technische Meisterleistung und markierte den Grundstein für den Durchbruch der Wechselstromübertragung. Standort der Kraftwerksanlage war der vom Neckar abzweigende Mühlgraben, der allerdings im Zuge des Kanalbaus zugeschüttet wurde.

1892 war dann Heilbronn die weltweit erste Stadt, die mit elektrischem Drehstrom versorgt wurde.

letzten Auenwälder am Neckar, weicht der Radweg auf die aussichtsreichen Weinberge aus, senkt sich dann wieder zum Fluss und folgt ihm mit schönem Blick auf die gegenüberliegenden Krappenfelsen in die Hölderlinstadt **Lauffen** 37 (siehe Roadbook). Die Weinstadt an der Mündung der Zaber in den Neckar hat eine sehenswerte Altstadt und ist der Geburtsort von Friedrich Hölderlin.

Lauffen besteht aus drei kleinen Zentren, die 1914 zur Stadt vereinigt wurden: Das ab karolingischer Zeit besiedelte Gebiet mit der Regiswindiskirche auf der linken Flussseite (das „Dorf"), die seit dem 11. Jh. nachweisbare **Rathausburg** 38 (heute das Rathaus) auf der Neckarinsel und die Stadt (das „Städtle") am rechten Flussufer.

Die steinerne Segmentbogenbrücke vom „Dorf" auf die „Insel" zur „Stadt" war lange Zeit die längste alle Neckarbrücken. Von den spätmittelalterlichen elf Bogen sind sechs erhalten.

Die eindrucksvolle Kilianskirche in Heilbronn.

Der Radweg quert vor der Neckarinsel mit dem alten Rathaus den Neckar, verlässt nördlich des „Städtle" die Stadt und folgt dem Prallhang einer weiteren Neckarschlinge. Die steilen Wände sind mehr als imposant!

Beim Stauwehr Horkheim teilt sich der Fluss: Links der alte Neckar, rechts der Schifffahrtskanal. Der Radweg quert das Wehr und verläuft auf der Horkheimer Neckarinsel bis zur Schleuse Horkheim. Dann geht es über die Neckarbrücke in den Heilbronner Ortsteil Klingenberg und nun am linken Neckarufer entlang Richtung Heilbronn.

Wer den Abstecher ins Zentrum von **Heilbronn** 39 (siehe Roadbook) machen möchte, quert den Neckar auf der ersten Brücke nach Horkheim, der Sontheimer Brücke. Am rechten Neckarufer geht es dann durch den Wertwiesenpark ins historische Zentrum.

Die Neckarhafen- und Weinstadt **Heilbronn** ist nach Stuttgart die zweitgrößte Stadt Württembergs und die größte Rotweinanbaugemeinde Deutschlands. Der Neckar verhalf schon im Mittelalter der damaligen Reichsstadt (bis 1803) zu wirtschaftlicher Blüte. Im Dezember 1944 wurde die historische Innenstadt bei einem

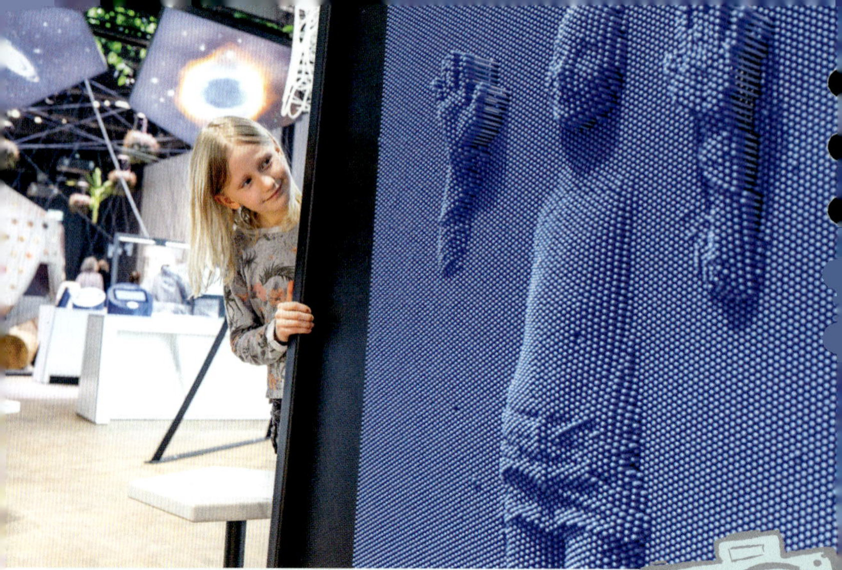

Unterwegs in den Entdeckerwelten.

Highlight am Wegesrand 40

Experimenta

Nur wenige wissen, dass sich auf der Heilbronner Kraneninseln in einem spektakulären Neubau Deutschlands größtes Science Center befindet, das seine Besucher dezidiert dazu auffordert, aktiv zu werden – gemäß dem Motto „Entdecke dich neu, erfahre, was unsere Welt zusammenhält, erkunde und überwinde Grenzen". Hier wird die Welt der Wissenschaft auf neue Art erzählt und mit allen Sinnen erlebbar. Ziel ist es, den Besuchern, egal ob klein oder groß, Naturwissenschaften und Technik spielerisch, aber fundiert, näherzubringen.

Die vier großen Themenwelten des Bereichs **Entdeckerwelten** heißen StoffWechsel, KopfSachen, WeltBlick und ForscherLand und bieten 275 Mitmachstationen. Daneben gibt es noch die **Erlebniswelten** mit dem spektakulären Science Dome, in dem Laser-und Experimentalshows, Wissenschaftstheater und 3D-Shows gezeigt werden.

Die **Forscherwelten** bieten außerdem acht Labore und eine Experimentierküche, in denen regelmäßig Kurse stattfinden.

www.experimenta.science

britischen Bombardement zu 80 % zerstört, etwa 7.000 Menschen starben während des „Feuersturms", den rund 250.000 Brandbomben auslösten. Einige wichtige historische Gebäude überstanden den Krieg, andere wurden später wiederaufgebaut. Bedeutendstes Baudenkmal ist die **Kilianskirche**, die gemäß dem Zustand des 15. Jhs. wiederaufgebaut wurde; gegenüber steht am Markt das historische Rathaus mit Renaissancefassade, hier befindet sich auch das Käthchenhaus, ein Steinhaus (15. Jh.), das mit Ausnahme des Erdgeschosses wiederaufgebaut wurde. Zu den Highlights abseits des Zentrums zählt das **Wissenschaftsmuseum Experimenta** 40.

Der Neckartal-Radweg bleibt auf Höhe von Heilbronn am linken Ufer des Neckarkanals, dann des Neckars und erreicht nach einem Rechtsbo-

Spannende Architektur – Experimenta-Gebäude in Heilbronn.

gen **Neckarsulm**. Der Name bezieht sich auf den kleinen Nebenfluss des Neckar, der nördlich der Stadt nach einem 2 km langen unterirdischen Lauf in den Neckar mündet. Über die Wehrbrücke werden Neckar und Kanal für einen Besuch der Altstadt von **Neckarsulm** gequert. Was Mercedes für Stuttgart, ist Audi für Neckarsulm.

Autofrei folgt der Radweg dem linken Kanalufer. Welch Gegensatz: Links die idyllischen Neckarwiesen der Insel zwischen Fluss und Kanal, am gegenüberliegenden Ufer die unzähligen Gebäude der Audiwerke! Die NSU-Motorenwerke waren Mitte der 1950er-Jahre der größte Zweiradhersteller der Welt und produzierten das erste Automobil mit Wankelmotor – das **Deutsche Zweirad- und NSU-Museum** **41** im ehemaligen Deutschordensschloss erinnert an diese Zeit.

Kurz vor der Schleuse Kochendorf geht es zurück über den Neckar ans linke Ufer und ohne weitere Ortsberührung dem Westufer entlang mit Blick auf Kochendorf und die Kochermündung. Unweit der Kochermündung liegt auch das **Salzbergwerk Bad Friedrichshall** **42**, ein spannendes

Deutsches Zweirad- und NSU-Museum

Das Wahrzeichen der Stadt ist ihr Deutschordensschloss (13. Jh.), in dessen Mauern Radfahrer und Biker angesichts der Oldtimer strahlende Augen bekommen.

Das älteste Motorradmuseum Deutschlands dokumentiert mit seiner Sammlung von 140 Motorradmarken und Geräten von insgesamt 45 Fahrradherstellern die Entwicklung des Zweirades von den Anfängen des Laufrads über historische Motorräder bis hin zu modernen Rennmaschinen und Geschwindigkeitsrekordmaschinen. Einzigartig ist auch die Sammlung durch Weltrekordmaschinen, Weltmeistermotorrädern und Rocketbikes bekannter Rennfahrerlegenden.

Das **NSU-Museum** dokumentiert die Geschichte der Marke NSU aus Neckarsulm, die nach dem Zweiten Weltkrieg die größte Motorradfabrik der Welt war. Begonnen hatte alles mit einem Hochrad 1886, es folgte zwischen 1901 und 1938 die Entwicklung von Motorrädern sowie zwei Autos vor dem Zweiten Weltkrieg. Das Museum präsentiert in einer eigenen Abteilung zudem die ehemalige Werkssammlung des Kreidlermuseums Kornwestheim, die als Dauerleihgabe ans Museum ging.

Deutsches Zweirad- und NSU-Museum
Urbanstr. 11
74172 Neckarsulm
www.zweiradmuseum.de

Lohnenswerte Schlenker **42**

Schaubergwerk Bad Friedrichshall

Salz, das weiße Gold, hat die Geschichte von Bad Friedrichshall nachhaltig geprägt. Bereits 1816 wies König Friedrich von Württemberg an, eine Saline in Jagstfeld zu errichten.

Heute bietet das Besucher-Salzbergwerk wetterunabhängig ein einmaliges Erlebnis. Nach der kurzen Fahrt mit dem Förderkorb erleben die Besucher in 180 m Tiefe die 200 Millionen Jahre alte, faszinierende Welt des „weißen Goldes". Eindrucksvoll groß sind die unterirdischen Kammern, wo mit spektakulären Medien- und Laserinstallationen die Geschichte des Salzes und die sich im Laufe der Jahrzehnte immer wieder ändernden Abbaumethoden vorgestellt werden.

Besucher können kleine Experimente vornehmen und eine Schausprengung auslösen. Imposant ist auch der Continuous Miner, mit 13,4 m Länge, einer Breite von 7,2 m, einer Höhe von 5,3 m und einem Gewicht von 120 t eine der weltweit größten Bergbaumaschinen. Die Maschine war knapp 10 Jahre im Einsatz und hat in dieser Zeit rund 8 Millionen Tonnen Steinsalz abgebaut. Im grandiosen Kuppelsaal kann sich zum Abschluss des Rundgangs jeder auf der 40 m langen Rutsche wie ein Bergmann fühlen.

Auch an die dunkelsten Seiten des Salzbergwerks wird erinnert: Im Salzbergwerk mussten die Häftlinge des ehemaligen Konzentrationslagers Kochendorf unter Tage in unbeschreiblichen Umständen für die Rüstungsproduktion im Zweiten Weltkrieg arbeiten.

www.salzwerke.de

Besucherbergwerk mit einigen Überraschungen. Für einen Besuch des Salzbergwerks quert man den Neckarkanal an der Schleuse Kochendorf.

Die Salzstadt **Bad Friedrichshall**, ein Zusammenschluss der Orte Kochendorf, Jagstfeld und Hagenbach, liegt mit ihren Stadtteilen an den Flüssen

Neckar, Kocher und Jagst. Die Stadt hat gleich vier Schlösser, drei davon im historischen Stadtteil Kochendorf: das elegante **Renaissanceschloss Lehen** am Ufer der Kocher, das wuchtige **Greckenschloss (Bergschloss)** und das **St. Andrésche Schlösschen,** ein kleiner Herrensitz. Ein schöner Fachwerkbau ist das Alte Rathaus in Kochendorf.

Vorbei an **Bad Wimpfen im Tal** gegenüber der Jagstmündung ist es nicht mehr weit zur **Kaiserpfalz** von **Bad Wimpfen am Berg** 43. Die Altstadt des Solebads wurde auf dem Eulenberg gebaut, ein Höhenzug, der sich vom Neckar zum Kraichgau hin hochzieht.

Zeitreise
In der befestigten Stadt finden sich viele versteckte Winkel und Gassen, die zu einer Erkundungstour einladen. Um 1300 wurde Wimpfen Freie Reichsstadt, die Stadt wurde dadurch rasch reich. Im Kern der ehemaligen Reichsstadt, das man durch das Untere Stadttor und das Hohenstaufentor betritt, finden sich viele (Fachwerk-)Bürgerhäusern des 15. bis 19. Jhs. Die bedeutendsten Sakralbauten sind die gotische Stadtkirche sowie die Benediktinerklosterkirche Sankt Peter im Tal, eine frühgotische Gewölbebasilika mit romanischem doppeltürmigen Westwerk.

Highlight am Wegesrand 43

Staufische Kaiserpfalz

Bad Wimpfen

Sie gehört sicher zu den schönsten Silhouetten entlang des Neckars – ehrfürchtig schaut man vom Fluss hinauf zur 215 m langen und bis 88 m breiten Burganlage auf dem zum Kraichgau hin ansteigenden Bergrücken oberhalb des Flusstals.

Barbarossas Kaiserpfalz
Im Früh- und Hochmittelalter entstanden für die in ihrem Reich herumreisenden Könige und Kaiser sogenannte Pfalzen, denn diese hatten keine Hauptstädte, sondern versuchten über den persönlichen Kontakt zu ihren Vasallen ihr Territorium stabil zu halten. Die Staufer errichteten an vielen Orten ihres Reiches sogenannte Königspfalzen – große, bewehrte Burganlagen, in denen die Kaiser Hof hielten und Recht sprachen. Die um 1200 errichtete Kaiserpfalz ist eine Gründung von Kaiser Friedrich Barbarossa, ihr 58 m hoher **Blaue Turm** ist das Wahrzeichen der Stadt.
Viele Stauferkaiser machten hier Station: Für das Jahr 1182 wird ein Aufenthalt von Friedrich I.

Barbarossa in Wimpfen vermutet, Stauferkaiser Heinrich VI. weilte mindestens dreimal am Wimpfener Hof, Friedrich II. sogar achtmal. Für das Jahr 1235 ist das Aufeinandertreffen von Kaiser Friedrich II. mit seinem aufrührerischen Sohn Heinrich VII. in Wimpfen überliefert.

Einige der Gebäude der Kaiserpfalz können besichtigt werden. Der 24 m hohe **Rote Turm** war der östliche Bergfried, ihm kam als letzte Zuflucht eine ganz besondere Bedeutung zu, entsprechend aufwendig wurde er errichtet und erhielt beispielsweise einen Kamin und eine Abortanlage. Ein Fluchtweg führte zwischen Palas und Pfalzkapelle über die Wehrmauer in den Roten Turm. Heute ist im Turm das **Museum Staufischer Wehrturm** untergebracht.

Wo sich früher der Große Saal der Kaiserpfalz befand, erheben sich heute die Doppelarkaden des **staufischen Palas**. Jede der Säulen ist ein Unikat und alle zusammen eines der schönsten Beispiele romanischer Baukunst.

Auch die **Pfalzkapelle** wurde um 1200 erbaut, zwischenzeitlich mal in ein Bauernhaus mit Scheune und Stallungen umgewandelt und dann wieder in den Originalzustand versetzt. Heute befindet sich darin das **Kirchenhistorische Museum** der Stadt mit sehenswerten Exponaten aus den Kirchenschätzen

Fachwerkensemble in der Klostergasse von Bad Wimpfen.

der Wimpfener Klöster und Kirchen.

Das **Steinhaus**, im Mittelalter die Kemenate der staufischen Pfalz, in der die Königinnen wohnten, ist heute der größte romanische Wohnbau Deutschlands, mit siebenteiligen Fenster und spätgotischem Staffelgiebel. Innen finden sich wertvolle Wandmalereien aus der Spätgotik sowie die Räume des Historischen Museums. Beim Steinhaus hat man übrigens Zugang zu der **„Alten Steige“**, die in luftiger Höhe entlang der Außenseite der Pfalzmauer verläuft und schließlich über den Bahnhof bis Wimpfen im Tal führt. Ganz im Westen erhebt sich der **Blaue Turm**, ebenfalls aus der Gründerzeit und als Wachturm von großer Bedeutung. Er bietet einen fantastischen Blick auf die Dächer der Altstadt und das Flusstal.

Wer sich vertiefend mit dem Thema Salz befassen will, kann nach der Neckarbrücke den Wegweisern des **Salz- und Sole-Radwegs** nach **Bad Rappenau** 44 (siehe Roadbook) folgen. Dort erwartet einen nicht nur ein eindrucksvolles Gradierwerk, der Kur- und Salinenpark, sondern auch ein **Wasserschloss.** Das Wahrzeichen der Stadt ist wie die Stadtpaläste und Kirchen in Venedig auf vielen in den Seeboden gerammten Eichenpfählen errichtet worden.

Salz- & Sole-Radweg

Wer Zeit hat, kann in Bad Wimpfen in den 38 km langen Themenweg einsteigen, der auf einer ausgeschilderten Runde über die Salzgewinnung in der Region Unterer Neckar informiert. Die Strecke führt von Bad Wimpfen über Wimpfen im Tal flussaufwärts nach Untereisesheim, über den Neckar zu den Schlössern von Kochendorf und zum Besucherbergwerk Bad Friedrichshall.

Nach der Kocherquerung geht es flussabwärts nach Offenau, in die Deutschordensstadt Gundelsheim mit Schloss Horneck und über Neckarmühlbach nach Bad Rappenau mit einem sehenswerten Wasserschloss, Gradierwerk und Kur- und Salinenpark. Von dort führt der Radweg nach Bad Wimpfen mit der Kaiserpfalz. Der Radweg hat mehrmals Anschluss an den Neckartal-Radweg.

www.badwimpfen.de/gaeste-bereich/freizeit-geniessen/fahrrad/salz-sole-radweg

Das Wasserschloss Bad Rappenau wurde im frühen 17. Jh. errichtet.

Burgen-romantik im

Der Neckar bei Neckarzimmern mit Burg Hornberg.

8 Schlenker & Highlights

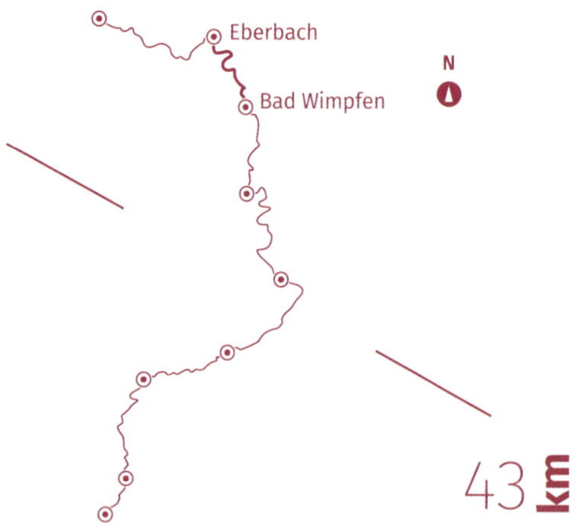

43 **km**

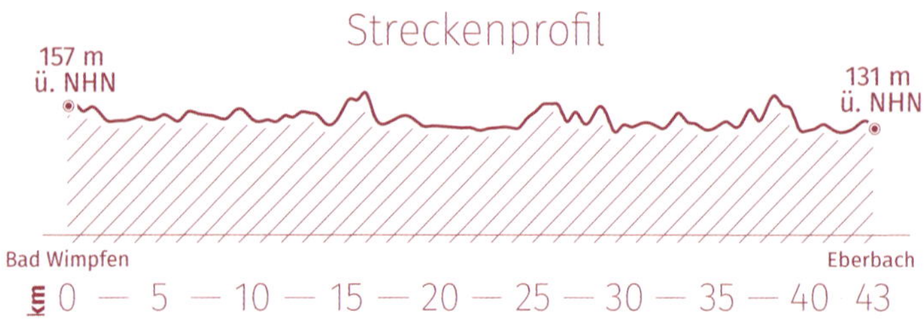

Odenwald

Auf den folgenden 70 km fließt der Neckar durch den Odenwald und prägt die Landschaft von Bad Wimpfen bis Neckargemünd auf ganz unterschiedliche Art und Weise. Immer enger wird das Tal und die Fahrt führt von einer zur nächsten Burg. Fast magisch zieht es einen hinauf zu den mal gut erhaltenen, mal als Ruine über dem Fluss thronenden Anlagen, die an unruhige Zeiten erinnern und zumeist einen fantastischen Blick auf das Neckartal bieten.

Von Burg zu Burg durch den Odenwald

Von der Neckarbrücke westlich von Bad Wimpfen im Tal können wir bei der Fahrt unterhalb der Kaiserpfalz noch einmal einen letzten Blick hinauf zu der imposanten Anlage werfen. Durch die Auenwiesen gleiten wir auf Asphalt beim Mineral-Freibad von Bad Wimpfen vorbei zwischen Wiesen und Felder nach **Heinsheim**. Der Radweg führt jedoch östlich an dem hübschen Fachwerkort vorbei. Heinsberg, ein Ortsteil von Bad Rappenau, liegt im Kraichgau.

Den Auftakt zur Schlösser- und Burgenfahrt macht das inmitten einer schönen Parkanlage gelegene **Schloss Heinsheim** (Unteres Schloss), das von einer steirischen Familie erbaut wurde und heute als Hotel genutzt wird. Gebaut wurde es Anfang des 18. Jhs. vermutlich auf den Fundamenten einer Wasserburg. Die barocke Schlosskapelle wird heute vor allem für Hochzeitsfeiern genutzt. Noch eine zweite Kapelle ist sehenswert: Die **Heinsheimer Bergkirche**, die bereits im 10. Jh. erwähnt wird, hat ein gotisches Kreuzgewölbe mit mittelalterlichen Malereien im Chor. Auf dem im 16. Jh. angelegten jüdischen Friedhof außerhalb des Ortes zwischen Neckar und Fünfmühlental finden sich 1.2000 historische Grabsteine.

Burg Ehrenberg

Zum Schutz der Kaiserpfalz

Gebaut wurde die Burg als Schutz- bzw. Vorburg der Kaiserpfalz in Wimpfen. Die Burg ist die Ruine einer ab dem 12. Jh. errichteten Höhenburg, deren ältester Teil die 2 m dicke Ringmauer um die Kernburg ist. Bis heute erhalten ist der alles überragende 50 m hohe Bergfried, bei dem man vermutet, dass er aus der Gründerzeit von Heinsberg im 10. Jh. stammt. Über die Jahrhunderte wurde die Anlage immer wieder den Bedürfnissen der jeweiligen Bewohner angepasst, zum Teil auch rückgebaut – wovon die imposanten Ruinen zeugen. Um die Kernburg herum entstand im 17. und 18. Jh. die zum Neckartal hin orientierte Vorburg, diese wird noch heute von der Eigentümerfamilie von Racknitz bewohnt und kann daher nicht besichtigt werden. Auf der Burg wird aber eine Ferienwohnung vermietet.

Eines der markantesten Ensembles am Neckar sind die drei Burgen im Umkreis von Gundelsheim. Die erste ist **Burg Ehrenberg** 45, sie liegt etwas nördlich von Heinsheim.

Am Eintritt des Neckars in den Odenwald erreichen wir den am rechten Neckarufer liegenden malerischen Weinort **Gundelsheim** 46. Hier lohnt sich bei der Schleuse Gundels-

Gundelsheim

und Schloss Horneck

Die Altstadt von Gundelsheim begeistert mit ihrem historischen Baubestand. Viele Fachwerkhäuser datieren auf das 17. und 18. Jh., darunter das historische Gasthaus Zum Lamm von 1692. Auffällig ist das Gebäude in der Wintergasse 3, das im Louis-seize-Stil mit zierlichen Sandsteinfensterbrüstungen und Sandsteinbänken gearbeitet ist und bis zu einer kürzlich erfolgten Renovierung einen offenen Vorhof hatte. Dieser Baustil ist in Südwestdeutschland eher selten anzutreffen.

www.gundelsheim.de

Historischer Pfad

Wer sich für die Geschichte der Deutschordensstadt interessiert, dem sei der Historische Pfad durch Gundelsheim empfohlen. Er beginnt bei der Übersichtstafel an der Schloßstraße und hat 17 Stationen.

Schloss Horneck
Um 1250 trat Konrad von Horneck dem Deutschen Orden bei, nach seinem Tod fiel sein Besitz an den Ritterorden. Das imposante Schloss baute sich der Deutsche Orden 1533 auf den Ruinen der alten Burg Horneck, die wenige Jahre vorher im Bauernkrieg zerstört worden war. Der damals weitgehend erhalten gebliebene 35 m hohe Bergfried wurde in die neue, im Stil der Renaissance erbaute siebeneckige Schlossanlage integriert. 200 Jahre später wurde alles dem Zeitgeschmack entsprechend barockisiert, der Umgestaltung fielen die Renaissance-Erker und -Türme zum Opfer; sie wurden abgerissen. Ab 1897 diente das Schloss nacheinander als Sanatorium, Lazarett und Lungenheilstätte.
2020 wurde sie kernsaniert und zu einem **Kultur- und Begegnungszentrum** mit Hotel-Garni, Bibliothek und Museum umgebaut.

Siebenbürgerisches Museum
Im Museum auf dem Schloss befindet sich mit über 22.000 Exponaten die bedeutendste Sammlung zur Kunst- und Kulturgeschichte Siebenbürgens außerhalb Rumäniens. Zurück geht das Museum auf siebenbürgisch-sächsische Vereine, die vor 60 Jahren eine volkskundlich-kulturhistorische Sammlung aufbauten. Heute wird in sieben Themenbereiche die wechselvolle Geschichte und die facettenreiche Kultur der Siebenbürger Sachsen vom Mittelalter bis heute vorgestellt. Sehenswert ist auch eine Sammlung siebenbürgischer Textilien, Keramiken und Gold- und Silberschmiedekunst.
www.schloss-horneck.de/museum/

Neben den Schlossgebäuden umfasst die Anlage noch mehrere spätmittelalterliche Wehrtürme, die früheren Komtureigebäude (16. Jh.) sowie das Prunktor zur Schloßstraße hin; es zeigt die Büsten von drei Deutschordensmeistern.

heim der Abstecher in den Ort. Das heutige Siedlungsgebiet kam im 8. Jh. an den Klosterstaat Lorsch und wurde um 1250 dem Deutschen Orden geschenkt wurde.

An diese Zeit erinnert die elipsenförmige **Deutschordensburg Schloss Horneck** (15.–18. Jh.), das nach dem Heidelberger Schloss größte Neckartalschloss. Fantastisch ist die Lage hoch über den Ufern des Flusses mit Blick auf die Gundelsheimer Altstadt, auf Burg Guttenberg, das Neckartal und den historischen Terrassenweinberg des Deutschen Ordens. Vom Schloss führt die Schloßstraße in die mittelalterliche Atmosphäre verströmende Altstadt mit ihren Fachwerkhäusern, engen Gassen, Brunnen und Winkel.

Michaelsberg
Hinter dem Schloss zieht sich eine der berühmtesten Einzellagen des Neckartals den Hang des aussichtsreichen

Der Neckar bei Gundelsheim.

Michaelsbergs hinauf – sie trägt den klangvollen Namen „Himmelreich". Oben auf dem plateauartig abgeflachten Michaelsberg, eine Landmarke im Neckartal, grüßt die weithin sichtbare **Bergkapelle**, die im Kern romanisch ist. In römischer Zeit befand sich hier ein Jupiterheiligtum, die Chorturmkapelle mit der angebauten Lourdes-Grotte ist der Legende nach die Grablege der heiligen Notburga.

Entweder zurück von der Stippvisite in Gundelsheim oder weiter auf der Hauptroute folgen wir ab der Schleuse Gundelsheim dem linken Flussufer – mit grandiosem Blick zum Schloss Horneck und dem Gundelsheimer Michaelsberg. Bald ist das beschauliche Neckarmühlbach erreicht, ein Ortsteil von Haßmersheim. Hier erwartet uns die dritte Burg des Gundelsheimer Burgenensembles, die spätmittelalterliche **Burg Guttenberg** 47. Diese erreicht man am einfachsten zu Fuß vom Gasthaus Zum alten Marstall, einer mittelalterlichen Herberge. Die Burg zählt zu den am besten erhaltenen Burgen am Neckar.

Fünfmühlental

Der badische Weinort Neckarmühlbach liegt am Mühlbach, der hier in den Neckar mündet. Hier beginnt das Fünfmühlental: Entlang des Mühlbachs kann man auf dem **Salz- & Sole-Radweg** (S.131) nach Bad Rappenau radeln. Eine dieser Mühlen am Mühlbach ist die **Maysacksche Mühle**, eine Vorgängermühle war die Burgmühle,

Blick über Burg Guttenberg auf den Neckar, ganz rechts Schloss Horneck.

Highlight am Wegesrand **47**

Burg Guttenberg

Burg mit Greifvögeln

Wer sie sieht weiß, warum sie zu den schönsten Burgen in Deutschland, auf jeden Fall im Neckartal, gezählt wird. Die Burg wird seit über 800 Jahren bewohnt und ist eine der am besten erhaltenen im Neckartal. 1296 wurde Burg Guttenberg als *castrum Gudenberg* erstmals erwähnt, sie wurde nie erobert und zerstört. Das **Burgmuseum** dokumentiert die Geschichte der Burg der Freiherren von Gemmingen-Guttenberg und dokumentiert unter dem Titel „Leben auf der Ritterburg" die ritterliche Wohn- und Lebenskultur. Die fünf Ausstellungsräume sind jeweils einem Jahrhundert gewidmet.

Über den Wehrgang und die Schildmauer kann man anschließend den Burgturm erklimmen. Durch zwei Türmerstuben gelangt man zur Aussichtsplattform, die einen fantastischen Ausblick bietet.

Deutsche Greifenwarte
Was für ein erhabener Anblick, wenn Adler oder Geier mit Spannweiten von bis zu 2 m über der mittelalterlichen Burg ihre Kreise drehen! Loh-

nenswert ist auch die Ausstellung, die in den staufischen Zwingeranlagen der Burg einen Einblick in die faszinierende Welt der Greifvögel bietet. Mittels interaktiver Touchscreen-Stationen und Vitrinen erhält man einen Einblick in die typischen Lebensräume europäischer Greifvögel. Lebensgroße Silhouetten am Burgturm demonstrieren eindrücklich die enormen Spannweiten der Greifvögel.
www.burg-guttenberg.de

Fußweg zur Burg: Von der Herberge „Zum Alten Marstall" der Ortsstraße bergauf zum Dorfbrunnen zwischen dem historischen Pfarrhaus und dem alten Schulhaus. Hier führt eine Treppe hinauf zur Burgkapelle und weiter zur eigentlichen Burg.
www.burg-guttenberg.de

die hier seit 1357 nachgewiesen ist. Bis 1980 wurde hier noch regelmäßig gemahlen. Die Maysacksche Mühle war eine sogenannte Bannmühle. Alle Untertanen waren dazu verpflichtet, ausschließlich diese Bannmühle zum Mahlen von Getreide zu nutzen. Die Müller hatten so über Jahrhunderte ein festes Einkommen, wurden jedoch in der Regel nicht reich, weil sie einen Großteil der Einnahmen an ihre Herren abführen mussten. Gleich daneben steht die **Herberge Zum Alten Marstall** von 1807 und gegenüber der Heu-Herberge das ehemalige **Gasthaus Schiff**, ein Fachwerkgebäude von 1783, in dem sich heute die Verwaltung des Sägewerks befindet.

Neckarschifffahrt

Landschaftlich ausgesprochen schön ist die Fahrt entlang des Prallhangs des Böttinger Mäanders nach **Haßmersheim.** Wer sich für die Neckarschifffahrt interessiert, sollte dem dortigen **Schifffahrtsmuseum** in der ehemaligen Evangelischen Schule gegenüber der Kirche einen Besuch abstatten. Haßmersheim war einmal einer der größten Schifferorte in Süddeutschland. Friedrich Heuss – er war ein Vorfahre des ehemaligen Bundespräsidenten Theodor Heuss – wagte 1840 als erster mit seinem Schiff die Fahrt von Heilbronn auf dem Neckar zum Rhein und weiter in die Niederlande (www.schifferverein-hassmersheim.de).

Nach Durchqueren des Ortes geht es wieder zurück zum Neckar, wo sich an der Schleusenbrücke die Möglichkeit bietet, einen Abstecher nach **Neckarzimmern** und zur östlich des Ortes gelegenen **Burg Hornberg** (48) zu machen. Diese kennen viele als die Burg des Götz von Berlichingen.

Von der Terrasse der Burggaststätte und vom Platz vor dem Unteren Tor bietet sich ein eindrucksvoller Blick auf das Neckartal mit der Schleuse Neckarzimmern, Haßmersheim, der Michaelskapelle sowie der Stauferburg Guttenberg.

Der Neckartal-Radweg entfernt sich vom Ufer, dessen Überschwemmungsbereiche im Bereich der Notburgahöhle, einer Muschelkalkhöhle, als Naturschutzgebiet ausgewiesen sind, wechselt in den Hang oberhalb der Landstraße und erreicht das ruhige Dorf Hochhausen mit der Notburgakirche. Unterhalb von Hochhausen gleitet am gegenüberliegenden Flussufer Neckarelz, ein Stadtteil von Mosbach, vorüber. Das Tempelhaus in **Neckarelz**, das an der Mündung der Elz in den Neckar liegt, wurde angeblich auf den Fundamenten eines römischen Tempels errichtet; 1297–1350 erhielt das schmale, hohe, dreigeschossige Steinhaus seine im Wesentlichen bis heute erhaltene Gestalt. Schön sind auch die vielen historischen Fachwerkhäuser, darunter die Alte Posthalterei und das Alfeldsche Haus.

Auf Höhe von **Obrigheim** ist es möglich, wieder den Neckar zu queren. Am anderen Ufer liegt **Diedesheim**, von wo aus man einen Schlenker in die bezaubernde Fachwerkaltstadt von **Mosbach** 49 unternehmen kann. Dort finden sich Kuriositäten wie die Simultankirche und ein winziges Häuschen.

Der Radweg führt an Obrigheim und dem gleichnamigen Kernkraftwerk

Lohnenswerter Schlenker **48**

Burg Hornberg

Götz von Berlichingens Märchenburg

Wohl jeder hat schon mal von ihm, dem „Ritter mit der eisernen Hand“, gehört. Er lebte auf der stolzen Ritterburg aus dem 11. Jh., die sich so eindrucksvoll hoch über dem Neckartal erhebt.

Über viele Jahrhunderte war die Burg ein Lehen des Bistums von Speyer, bis sie Götz von Berlichingen 1517 kaufte. Im Kaufpreis eingeschlossen waren auch die drei dazugehörenden Dörfer, in den Folgejahren betätigte sich der Ritter überwiegend als Gutsherr. 45 Jahre verbrachte er auf der Burg, bis er 1562 starb. Vor seinem Tod diktierte er dem Pfarrer Georg Gottfried seine Lebenserinnerungen; sie erschienen 1731 erstmals im Druck und inspirierten Goethe zum Drama „Götz von Berlichingen“ (1773). „Ritter mit der eisernen Hand“ wird er genannt, weil er eine Prothese hatte, die arretierbare Veränderungen der Hand- und Fingerstellung durch die gesunde Hand erlaubte. Berlichingens Enkel verkaufte die Burg 1612 an die Freiherren von Gemmingen, deren Nachfahren in inzwischen 12. Generation noch immer die Burg inmitten von Weinbergen besitzen.

Heute bietet sich die Möglichkeit, in die Welt der Ritter einzutauchen und eine Nacht im Burghotel zur verbringen, im Panorama-Restaurant zu speisen, die besondere Atmosphäre des Burghofs mit seiner alten Kastanie zu genießen und von der Aussichtsterrasse den Blick über das Neckartal schweifen zu lassen.

www.burg-hotel-hornberg.de

Obrigheim (das bis 2025 atomrechtlich rückgebaut und für eine Nachnutzung freigegeben werden soll) vorbei und erreicht in Mörtelstein die eindrucksvollen Steilhänge links des Flusses. Entlang der lang gezogenen Neckarschlaufe, in der der Ort **Binau** liegt, geht es vorbei an der Staustu-

Lohnenswerter Schlenker **49**

Mosbach

Bilderbuchort im Elztal

Die Stadt an den Ausläufern des Odenwalds war für kurze Zeit einmal eine freie Reichsstadt und hat eine ausgesprochen schöne historische Altstadt mit mittelalterlichen Straßenzügen und einer fast ausschließlichen Bebauung im Fachwerkstil.

Vor allem rund um den Marktplatz und den Kirchplatz finden sich malerische alte Fachwerkgebäude wie das **Rathaus** (1554–58) und das mehrstöckige **Palm'sche Haus** (1610). Mit seinen drei üppig verzierten Fachwerkstockwerken zählt es zu den schönsten seiner Art in Süddeutschland.

Das Palm'sche Haus am Marktplatz von Mosbach.

Haus Kickelheim gilt als schmalstes Fachwerkhaus in Mosbach und ist ziemlich sicher eines der kleinsten freistehenden Fachwerkwohnhäuser in Süddeutschland. Das dreistöckige Gebäude in der Harnischgasse steht auf einer Grundfläche von gerade einmal 26 m². Als Beispiel für die mittelalterliche Wohnsituation ist es heute Teil des im benachbarten Alten Hospital untergebrachten **Mosbacher Stadtmuseums**. Das Alte Hospital ist ein Meisterwerk der Zimmermannskunst und eines der ältesten Gebäude der Stadt

Die **Mosbacher Simultankirche (Stiftskirche /Kirche St. Juliana)** wird von beiden Konfessionen genutzt, innen trennt eine Mauer den Kirchenraum. 2007 wurden Türen in die Mauer eingebaut. Der Chor gehört den Katholiken, im Langhaus beten die Protestanten.
www. mosbach.de

Blick in die Minneburg.

fe Guttenbach ins Fachwerkörtchen **Guttenbach**, das sich bis zur Minneburgbrücke erstreckt und zu Neckargerach gehört.

Nördlich und oberhalb des Ortes thront die eindrucksvolle Ruine der **Minneburg** 50 (siehe Roadbook), die man am besten zu Fuß erreicht. Die unzählige tolle Motive bietende fotogene Ruine der „Liebesburg“ erhebt sich aussichtsreich über dem Neckartal. In der Renaissancezeit wurde sie zu einem glanzvollen Lustschloss ausgebaut. Ältester Bauteil ist der Bergfried aus dem frühen 13. Jh. Der dreigeschossige Palas mit dem „Schneck“ genannten Treppenturm und dem mächtigen Erker an der Giebelseite stammt aus dem 16. Jh. Im Dreißigjährigen Krieg zerstört, wurde die Burg danach aufgegeben. Besonders eindrucksvoll ist der Blick aus dem Erker des Palas ins Neckartal.

Über die Neckarbrücke, die einen guten Blick auf die Minneburg gewährt, führt der Neckartal-Radweg ins Fachwerkdorf **Neckargerach** auf der rechten Neckarseite, der Ort liegt im Naturpark Neckartal-Odenwald.

Größte Sehenswürdigkeit des Ortes ist die **Margarethenschlucht** 51, eine der urtümlichsten Schluchten im Odenwald. Während die meisten Nebenflüsse und Bäche mit der Eintiefung des Neckars Schritt halten konnten, gelang dies dem kleinen Flursbach bei Neckargerach nicht. Heute über-

Highlight am Wegesrand **51**

Margarethenschlucht

Durch das Tal der Feuersalamander

Margarethenschluchtpfad
Die Margarethenschlucht im Odenwälder Buntsandstein ist als botanisches Kleinod und als geologisches Studienobjekt bekannt und die Hauptsehenswürdigkeit des Ortes. Die Schlucht liegt knapp 2 km östlich des Bahnhofs Neckargerach und ist auf einem bequemen Hangweg erreichbar.

Der 4 km lange und teils mit Drahtseil gesicherte Steig, für den Trittsicherheit erforderlich ist, führt durch die wildromantische Klamm, unterwegs erfährt man Lehrreiches zu Geologie, Flora und Fauna. In der Schlucht hat der Feuersalamander sein Laichgebiet und seine Kinderstube.

Für die Mühe des Aufstiegs entschädigen die Kaskaden, in denen der Flursbach 110 Höhenmeter überwindet – er ist damit der höchste Wasserfall im Odenwald. Er sprüht sein Wasser über die mit Moosen überzogenen Felswände und Wasserfallstufen. Grund dafür ist der Höhenunterschied zwischen dem tief eingeschnittenen Neckar und seinem deutlich höher verlaufenden Zufluss.

Neckargerach hat einen Flyer herausgebracht, darin wird die Rundwanderung mit eigener Signatur vorgestellt. Nach Überqueren der Gleise am Bahnhof hält man sich rechts bis zu Punkt 1 des Schluchtpfads.

www.neckargerach.de

Fachwerkidylle in Zwingenberg.

windet der Bach 110 Höhenmeter und fließt über acht Wasserfallstufen. Die höchste Fallstufe beträgt 10 m.

Am Ortsende von Neckargerach geht es entlang der Uferstraße nach **Zwingenberg**, an dessen westlichem Ortsende das gleichnamige **Schloss Zwingenberg** 52 über dem Neckar thront. Die teils von Efeu umrankte Burganlage, die von Kriegen und Zerstörungen weitgehend verschont blieb, gleicht einem Märchenschloss über dem Fluss. Das Schloss wird privat bewohnt, alljährlich finden im Schlosshof im August Festspiele unter freiem Himmel statt. Zum festen Repertoire zählt Carl Maria von Webers romantische Oper „Der Freischütz" – die nahe Wolfsschlucht hatte ihn zu dieser Oper inspiriert. Unterhalb des Schlosses liegt die zweite berühmte Schlucht des Neckartals, die **Wolfsschlucht** 52, eine ganzjährig feuchte dunkle Waldschlucht. Die Wanderung hin und zurück ist 6 km lang und beginnt am Ortsausgang von Zwingenberg, alternativ kann man von der Burg absteigen.

Fährfahrt über den Neckar

Wenig später ist der Anleger der ehemaligen **Zwingenberger Fähre** erreicht. An den Wochenenden warteten hier immer viele Neckartalradfahrer auf die Überfahrt mit der kleinen Kettenfähre, die hier zwischen 1910 und 2011 ihren Dienst tat. Sie kam ins Museum, als die neue Radlerbrücke eröffnet wurde.

In Zwingenberg wird der Fluss auf der Neckarbrücke gequert und verläuft nun auf den nächsten Kilometern am linken Ufer entlang. Am Fuß der bewaldeten Steilhänge geht es unterhalb

Lohnenswerter Schlenker **52**

Schloss Zwingenberg

und die Wolfsschlucht

Burg oder Schloss?
Die Besitzer selbst meinen, dass sich das Bild der Anlage über die Jahrhunderte so verändert hat, dass man heute wohl eher von einem Schloss sprechen muss. Die zum Schloss ausgebaute spätgotische Burg Zwingenberg ist eine der besterhaltenen Burgen des Tals – den schönsten Blick hat man vom gegenüberliegenden Neckarufer auf die eindrucksvolle Anlage. Erbaut im 13. Jh. ist die Burg seit 1808 in markgräflich-badischem Familienbesitz und wurde danach zum Jagdschloss aus- und umgebaut. 1918 war das Schloss Schauplatz der Abdankung des letzten badischen Großherzogs, Friedrichs II., dessen Nachfahren es bis heute bewohnen. Im Rahmen von Führungen sieht man einige der imposanten Räumlichkeiten. Die sogenannte Burganlagenführung beschäftigt sich in erster Linie mit dem Aufbau und den Funktionen einzelner Gebäudeteile der Burg.
www.schloss-zwingenberg.de

Wolfsschlucht
Die rund 1 km lange Wolfsschlucht ist neben der Margarethenschlucht die zweite bekannte Schlucht im Neckartal. Oberhalb von Schloss Zwingenberg durchschneidet die von Wasserfällen und einem Wildbach durchrauschte Felsenklamm auf einer Länge von etwa 800 m den Odenwälder Buntsandstein. Der passagenweise drahtseilgesicherte Steig in der Schlucht ist laut Warnschild „Auf eigene Gefahr“ begehbar.

Es gibt zwei Rundwege, beide beginnen am Ausgang der Schlucht am Parkplatz an der B 37.

Schloss Zwingenberg an den Hängen des herbstlich verfärbten Odenwalds.

der **Burgruine Stolzeneck** 53 (siehe Roadbook) vorbei; die Burg wurde auf einem nach drei Seiten steil abfallenden Bergsporn 80 m über dem Neckartal errichtet, vermutlich kurz nach 1200 als staufische Reichsburg. Vom Tal aus ist sie im Wald kaum zu erkennen, es lohnt sich aber, die eindrucksvolle Ruine zu besichtigen. Vom Radweg führt ein Fußweg hinauf zu den Ruinen. Erhalten ist noch der 8 m hohe Bergfried der Mittelburg, die Wände des Palas mit seinen zahlreichen erhaltenen Fenstern geben einen guten Eindruck, wie es hier einmal ausgesehen hat.

Aussichtsreich geht es an der Schleuse Rockenau vorbei in den gleichnamigen Ortsteil von Eberbach, dort geradeaus durch den Wald zur Brücke, die Neckarwimmersbach und die Altstadt von **Eberbach** 54 verbindet. Eine weitere traumhafte Fachwerkstadt, die zu einer Entdeckungsreise einlädt!

Umlaufberg

Eberbach liegt am Fuß des 7 m hohen Ohrsberg, der zu den markantesten Umlaufbergen des Neckartals zählt. Ein kurzer Abstecher führt hinauf zum **Aussichtsturm**. Ursprünglich umfloss der Neckar den Ohrsberg in einem schlingenförmigen Talmäander. Während sich der Neckar im Laufe der Jahrmillionen immer tiefer in das Gestein fraß, näherten sich die Prallhänge der Neckarschlinge gleichzeitig immer weiter an, bis der Fluss die „dünne" Barriere schließlich südwestlich des Bergs durchbrach und sich so ein neues Flussbett schuf. Der Ohrsberg blieb als markanter „Umlaufberg" bestehen und prägt das Stadtbild von Eberbach.

Lohnenswerter Schlenker **54**

Eberbach

Turmreiche Stauferstadt an der Burgenstraße

Die Stadt mit ihren vielen sorgsam renovierten Fachwerkhäusern liegt am Fluss am Fuß des Katzenbuckels, der höchsten Erhebung des Odenwaldes. Die Form der staufischen Altstadt (1227) mit vier Ecktürmen aus dem 15. Jh. ist gut erhalten. Jeder der vier Türme ist anders gebaut. Im westlichen Eck erhebt sich der **Pulverturm** als zweiflügeliger Eckturm, er wurde im 15. Jh. auf die mittelalterliche Stadtmauer (13. Jh.) gebaut. Im Sommer kann man die Uhrenkammer in der Turmspitze besichtigen.

Der **Haspelturm**, der im 14. Jh. im Nordwesten des Ortes errichtet wurde, heißt so, weil das lichtlose Erdgeschoss zeitweilig als Stadtverlies genutzt wurde. Die Insassen konnten nur vom Obergeschoss mittels einer Seilwinde (Haspel) mit allem Nötigen versorgt werden. Heute hat hier ein **Zinnfiguren-Museum** seine Räumlichkeiten.

Zwei Meter dick sind die Mauern des einzigen runden Stadtturms, des **Rosenturms**. Er wurde vermutlich mit der Stadtbefestigung im Nordosten errichtet und hieß ursprünglich Rossenbrunner Turm nach einer Rosstränke in der Nähe.

Der vierte Turm mit dem Namen **„Blauer Hut"** verdankt seinen Namen dem eleganten, blau schimmernden Schieferdach. Er steht im Süden der Altstadt. Im Stockwerk unter der Dachhaube befand sich die städtische „Betzenkammer" (Arrestkammer). Im **Thalheim'schen Haus,** einst Sitz des Kurpfälzischen Amtskellers und später als Rathaus genutzt, hat heute der Naturpark Neckartal-Odenwald ein Informationszentrum.

Zu den besonders schönen Fachwerkgebäuden von Eberbach zählen Der Hof (1470) und das mittelalterliche Badhaus mit einem Feuerraum in der Mitte (heute Hotel). Sehr schön sind auch die Sgraffitto-Malereien an einigen Stadthäusern, etwa auf der Fassade des Hotels Karpfen am Alten Markt.

Von der Burg Eberbach sind noch durchaus eindrucksvolle Reste erhalten. Eigentlich handelt es sich bei der Burg um drei einzelne Burgen, die hier im 11.–13. Jh. an strategisch günstiger Stelle mit weitem Blick in das Neckartal errichtet worden sind. Von den Burgen ließen sich sowohl die Neckarschifffahrt als auch der Weg zur Benediktinerabtei Amorbach sowie zum Main kontrollieren. Schon zu Beginn des 15. Jhs. wurde die Anlage zerstört, verfiel in einen Dornröschenschlaf und wurde erst Anfang des 20. Jhs. wieder freigelegt. *www.eberbach.de*

Wissenswertes im Gepäck

Naturpark

Neckartal-Odenwald

Der Naturpark hat viele Facetten, herbstlich bunte Wälder, steil zum Neckar hin abfallende Hänge, weite Feldfluren, leuchtend roter Sandstein, Schluchten und die Burgenromantik im Neckartal. Das **Naturparkzentrum Eberbach** an der Kellereistraße 16 in Eberbach befindet

Blick flussabwärts auf die Schleuse Rockenau im herbstlich gefärbten Odenwald.

sich im **Thalheim'schen Haus**, dem schönsten und ältesten Steingebäude der Stadt.

Die Ausstellung im ehemaligen kurpfälzischen Amtskeller und Fürstlich Leiningen'schen Jagdpalais ist eine Zeitreise durch die Kultur- und Landschaftsgeschichte des Naturparks Neckartal-Odenwald. Der Rundgang durch das Haus führt im wahrsten Sinne über Stock und Stein, vieles, was den Naturpark ausmacht, kann mit allen Sinnen erfahren werden. Für Klein und Groß gibt es zahlreiche Mitmachstationen.
www.naturpark-neckartal-odenwald.de

Der Neckartal-Radweg bei Ladenburg.

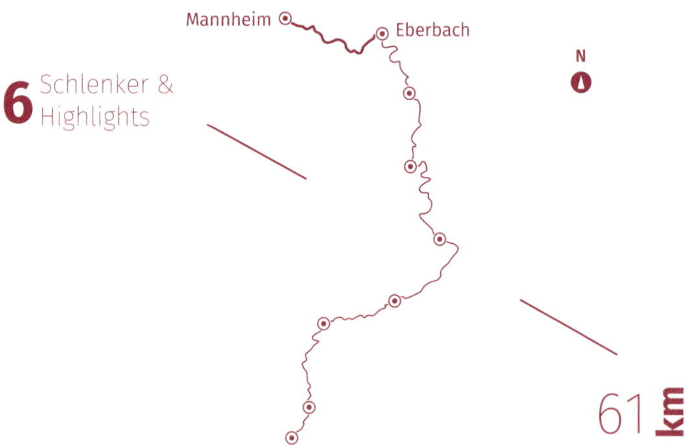

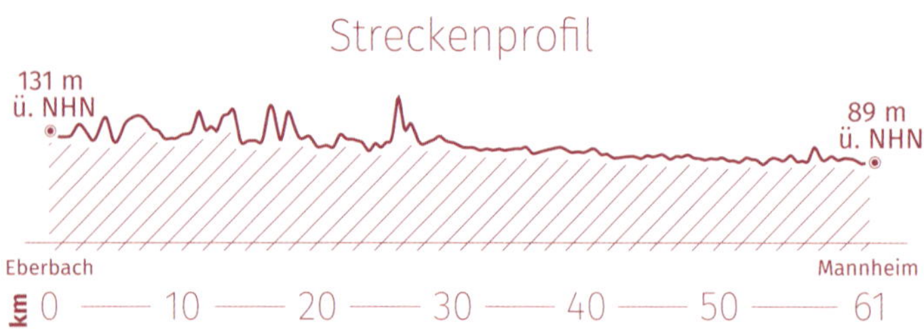

Aus dem Odenwald zum Rhein

Die letzte Etappe des Neckartal-Radwegs bietet wie schon die vorherige Burgenromantik in Hülle und Fülle, zu den Highlights zählt natürlich die berühmteste aller Neckarburgruinen, die Ruine des Heidelberger Schlosses am Hang des Königstuhls. In Heidelberg verlässt der Neckar den Odenwald und fließt in der Oberrheinebene, vorbei an der Römerstadt Ladenburg nach Mannheim, wo er schließlich wenig romantisch in den Rhein mündet.

Spektakuläre Neckarschleife

Nach dem Start in Eberbach bleibt das Neckartal steil und so erwartet uns schon bald der nächste eindrucksvolle Mäander, die **Hirschhorner Neckarschleife.** Anders als bei der Birnauer Schleife verläuft der Radweg diesmal innerhalb der Schleife, die vom kleinen Ort Ersheim eingenommen wird. **Ersheim** ist bis auf eine 250 m breite Landbrücke auf allen Seiten vom Neckar umflossen, durch die Landbrücke verläuft die Grenze zu Baden-Württemberg. Im Westen von Ersheim stoßen wir auf die **Hirschhorner Doppelschleuse,** die die Möglichkeit zu einer Querung des Neckars bietet: Dort erwartet uns der hübsche Luftkurort **Hirschhorn** 55. Während Ersheim schon 773 erstmals erwähnt wird, geht Hirschhorn auf eine Gründung des Karmeliterklosters Anfang des 15. Jhs. zurück. Der Blick auf die Altstadt mit ihrer Burg zählt zu den schönsten Stadtansichten der ganzen Reise. Das Rad lässt man am besten am Ufer stehen und wandert zu Fuß hinauf zur Burg und zu den Aussichtspunkten mit Blick auf die Neckarschleife.

Der Radweg folgt dem linken, badenwürttembergischen Ufer zum **Fähranleger Neckarhäuserhof.** Spätestens seit 1812 existiert hier eine Fähre, lokal auch „Nähe" genannt, und wie im 19. Jh. besteht Einkehrmöglichkeit.

Highlight am Wegesrand **55**

Hirschhorn

und seine Burg

Welch grandioser Anblickt! Hinter der trutzigen Stadtbefestigung schmiegen sich die Fachwerkhäuser an den Berghang zwischen Neckar, Finken- und Ulfenbach, vier Kirchtürme überragen die Dächerlandschaft, darüber thront erhaben die gleichnamige Bilderbuchburg.

Die hervoragend erhaltene Wehranlage, die malerischen Fachwerkhäuser aus dem 15. bis 17. Jh. an verschlungenen Gassen verleihen der Altstadt bis heute eine mittelalterliche Atmosphäre.

Neben dem 1875/76 abgerissenen Fischertor finden sich an der Mauer Hochwassermarken, die von verheerenden Überflutungen des Neckars berichten. Die älteste Hochwassermarke Süd- und Westdeutschlands von 1497 findet sich am „Kleinen Neckartor". Die Hirschhorner waren erfinderisch, davon zeugt z. B. das Mitteltor von 1391, dessen Turm aus Kostengründen zum Kirchturm der Marktkirche umfunktioniert wurde. In der Mauer zum Neckar hin finden sich hübsche Mauerhäuser, die man aus Platzmangel über der Stadtmauer baute. Unterhalb der Burg dominiert die gotische Kirche (1411) des ehemaligen Karmeliterklosters die am Hang liegende Hinterstadt.

Burg Hirschhorn – von der Burg zum Schloss

Die im Renaissancestil wiederaufgebaute Burg (1586) der Herren von

Hirschhorn und seine Burg.

Hirschhorn wurde auf einem Bergsporn errichtet und überragt malerisch die Stadt und den Fluss. Von der Burg aus konnten die Burgherren sowohl das Neckartal als auch die Ausgänge des Finkenbachtals und des Ulfenbachtals kontrollieren.

In der ummauerten und von Türmen bewehrten Burg mit Hauptburg, Oberer und Unterer Vorburg blieben der 26 m hohe Bergfried, der Palas (frühes 14. Jh.), der Marstall sowie mehrere Tor- und Wirtschaftsgebäude erhalten. Diese Kernburg am höchsten Punkt nimmt aber nur etwa ein Zwölftel des gesamten weitläufigen Burgareals ein. Aus der frühen Bauzeit blieben die nach Norden ausgerichtete mächtige Schildmauer hinter dem bis zu 15 m tiefen Halsgraben erhalten. Romanische wie gotische Fenster zeigen, dass die Mitte des 13. Jhs. erbaute Burg im Übergang vom romanisch zum gotischen Stil errichtet wurde.

Auf der Burg wohnten neben dem Burgherrn und seiner Familien auch Ritter mit ihren Familien, Tor- und Turmwächter, der Burgverwalter und der Priester, die Jäger und die unzähligen Bediensteten, die für einen reibungslosen Burgalltag sorgen mussten. So gab es neben den herrschaftlichen Wohngebäuden auch Marstall, Ställe und Scheunen, Bierhaus, Waschhaus, Backhaus, Schmiede und viele weitere Gebäude.

Wie viele andere Burgen wurde auch diese Burg im 16. Jh. erweitert und umgebaut und bekam mehr und mehr den Charakter eines repräsentativen Schlosses im Stil der Renaissance. Nach der Bauherrin Maria von Hatzfeld wird das Schloss bis heute auch der Hatzfeldbau genannt. Ebenfalls aus dieser Zeit stammt die Gartenanlage zum Neckar hin mit Stützmauern, Terrassen und Gartenhäuschen.

www.hirschhorn.de

Highlight am Wegesrand 56

Burgfeste Dilsberg

Heiß umkämpft, doch nie zerstört

Eine Neckarburg macht der anderen Konkurrenz hinsichtlich Schönheit und Lage. Das gilt auch für die weithin sichtbare Burgfeste Dilsberg, die in einer Neckarschleife liegt und zu deren Füßen der malerische Ortskern von Dilsberg liegt. Die mittelalterliche Burg auf dem 288 m hohen Dilsberg wurde bis ins 18. Jh. zu einer imposanten Festung ausgebaut, sie war Teil der Wehranlagen der Kurpfalz. Die mächtigen Festungsmauern schützten einst 700 Menschen innerhalb der Burgstadt.

Im Dreißigjährigen Krieg zählte sie zu den heiß umkämpften Festungsanlagen, wurde sogar zu einer Garnison ausgebaut. Feldherr Tilly besetzte sie 1622, die Schweden eroberten sie 1633 zurück; aller Kämpfe zum Trotz blieb sie unzerstört und fiel 1648 wieder an die Kurpfalz. Mit dem Ende der Kurpfalz 1803 kam Dilsberg an das Großherzogtum Baden, wurde als Staatsgefängnis genutzt und ab 1822 zum Abbruch freigegeben – obwohl die Burg unbeschädigt war.

Heute wandern die Besucher ehrfürchtig durch die eindrucksvolle Anlage und genießen den fantastischen Panoramablick vom hohen Treppenturm über die leicht gewellte Hügellandschaft des Kraichgaus und des waldreichen Odenwalds.

Dilsberg bildet zusammen mit den vier Burgen von Neckarsteinach am gegenüberliegenden Flussufer ein einzigartiges Burgenensemble.

www.burgfeste-dilsberg.de

Mark Twain und das Geheimnis der Burgfeste

Mark Twain besuchte auf seiner Europareise bei einer Floßfahrt von Heilbronn bis Heidelberg auch die Burgfeste Dilsberg. Als er von der Sage über einen unterirdischen Geheimgang erfuhr, war er beeindruckt und berichtete 1880 davon in seinen Reiseerzählungen. Im Mittelpunkt stand die Legende von einem unterirdischen Gang, der zu einer weit entfernten geheimen Stelle im Tal führen sollte.

Und tatsächlich gab es einen Schacht, der während der Bauarbeiten zur Verlängerung des Brunnens von 21,5 m (um 1150) auf 46 m Tiefe (1650–1680) zur Belüftung angelegt, später aber wieder zugeschüttet worden war.

Oder doch nicht? In der Bevölkerung kursierte schon bald das Gerücht über einen unterirdischen Gang, der von der Burg zu einer der Neckarsteinacher Burg führen sollte. Twains Reiseerzählungen wiederum bewegten den Deutsch-Amerikaner Fritz von Briesen dazu, entsprechende Nachforschungen anzustellen. Extra aus New York angereist ließ er sich in den Brunnen abseilen, wo er tatsächlich auf den Stolleneingang stieß. Als er schließlich genug Geldmittel gesammelt hatte, ließ er 1926 den Gang freilegen. Der wiederentdeckte Stollen kann besichtigt werden. *www.burgfeste-dilsberg*.de

Das hessische Örtchen Neckarhausen ist ein Ortsteil von Mückenloch, das wiederum zu Neckargemünd gehört.

Weiter geht es am Fuß der bewaldeten Talflanken entlang, nach dem Rechtsbogen schaut man auf die **Burgfeste Dilsberg** 56 oberhalb der Schleuse Neckarsteinach – ein lohnenswerter Schlenker mit einem allerdings fordernden Anstieg von 150 Höhenmetern. An schönen Tagen bietet sich vom Treppenturm mit Aussichtsplattform ein fantastischer Blick über das Neckartal und den Odenwald.

Auch die im Schutz der Bergfeste entstandene Ortschaft **Dilsberg** lohnt einen Besuch: Mit ihrem Kopfsteinpflaster, den verwinkelten, engen Gässchen, Fachwerkhäusern entlang der Unteren und der Oberen Straße und dicken

Blick auf Burg Dilsberg von der Hinterburg in Neckarsteinach

Sandsteinmauern verströmt sie noch immer mittelalterliches Flair.

In Dilsberg lassen sich Neckar und Kanal auf dem Schleusensteg queren, Ziel ist die Altstadt der **Vier-Burgen-Stadt Neckarsteinach** 57 am anderen Flussufer. Auch dort finden sich viele schöne Gebäude aus verschiedenen Epochen, darunter die Teile der Stadtmauer aus dem 14. Jh., das Fachwerkhaus Altes Amtshaus, die ehemalige Synagoge und der Schönauer Hof, ein Fachwerkensemble in der Kirchenstraße.

Und dann lockt natürlich der Besuch der vier Burgen, die der **Burgenweg,** der am Parkplatz Vierburgen beginnt, verbindet. Jede hat ihren eigenen Cha-

Der Radweg verläuft innerhalb der Schleife des Neckars.

rakter – und alle begeistern mit einem schönen Blick über Stadt und Fluss.

Zurück am linken Ufer verläuft der Radweg innerhalb der Neckarschleife – mit schönem Blick auf alle vier Burgen – nach **Neckargemünd**, das an der Mündung der Elsenz in den Neckar liegt und wie fast alle Orte in der Region seine eigene Burg hat, die **Ruine Reichenstein**. Die Fachwerkhäuser, die an verwinkelten Gassen stehen, ziehen sich den Hang hinauf, besonders schön ist die Kleppergasse auf der Rückseite der einstigen Stadtmauer. Von der Burg Reichenstein über der Stadt blieben nur noch wenige Ruinen erhalten. Etwas Besonderes ist auch die Eisenbahnbrücke Neckargemünd: Sie ist die einzige Doppelstockbrücke

Blick von Burg Schadeck auf Neckarsteinach und seine Burgen.

Vier-Burgen-Stadt

Neckarsteinach

Unter den vielen Orten mit einer Burg sticht Neckarsteinach heraus, denn der Ort an der Mündung der Steinach in den Neckar wird von gleich vier Burgen überragt. Alles begann mit der **Vorderburg,** von der man vermutet, dass sie bereits um das Jahr 1142 existierte. Sie ist mi[t] der Stadtmauer verbu[n]den, hier lebte um 120[0] der Minnesänger Bligge[r] von Steinach. Viel von de[r]

Burg wurde im 18. Jh. abgebrochen; erhalten blieben der schöne Bergfried und ein Steinhaus. Die Burg ist heute in Privatbesitz und kann nicht besichtigt werden.

Weiter westlich wurde dann um 1200 die schöne **Mittelburg** erbaut, die ab Mitte des 16. Jhs. im Stil der Renaissance umgebaut wurde, was in erster Linie auf der Flussseite zu sehen ist. Auf den drei anderen Seiten blieb der wehrhafte Charakter erhalten. Um 1835 wurde sie von den damaligen Besitzern im neugotischen Stil umgebaut. Auch die Mittelburg ist in Privatbesitz.

20 bis 30 Jahre nach Baubeginn an der Mittelburg wurde wiederum etwas weiter westlich mit dem Bau der **Hinterburg** begonnen, schon nach wenigen Jahren ging den Bauherren allerdings das Geld aus. Mitte des 15. Jhs. wurden ihre Befestigungsanlagen dann zu einem dreifachen Mauerring ausgebaut. Das half ihr allerdings nicht im Dreißigjährigen Krieg. Heute ist sie als Ruine die eindrucksvollste der drei Burgen.

Die berühmteste des Burgenquartetts ist die um 1335 im Steilhang südwestlich der drei anderen Burgen erbaute **Burg Schadeck** (190 m), wegen ihrer Hanglage auch Schwalbennest genannt. Ihr Bauherr war Erzbischof Balduin von Mainz und Trier. Die eindrucksvolle Ruine mit turmbekrönter Schildmauer ist heute das Wahrzeichen der Stadt und bietet einen fantastischen Blick auf das Neckartal und die Burgfeste Dilsberg.
www.neckarsteinach.com

Die Hinterburg.

Das Heidelberger Schloss und die historische Altstadt zu seinen Füßen.

über den Neckar; auf der unteren Ebene führt ein Steg für Radler und Fußgänger über den Fluss.

Nach Verlassen von Neckargemünd folgt eine weitere Schleife, auf Höhe der Schleuse Neckargemünd ist mit dem ehemaligen Fischerdorf **Schlierbach** das östliche Stadtgebiet von Heidelberg erreicht. Am linken Ufer befindet sich ein Teil des Heidelberger Universitätsklinikums (Orthopädie).

Der Neckar kurz vor Heidelberg.

Über die Neckarbrücke in Schlierbach erreicht man einen weiteren Stadtteil von Heidelberg, **Ziegelhausen.** Der Stadtteil hat eine schöne Lage zwischen den Mündungen von Mausbach, Steinbach und Bärenbach in den Neckar, Streuobst- und Magerwiesen ziehen sich bis hinauf zu den Höhen des Odenwaldes.

Die Hauptsehenswürdigkeit des Ortes ist die am westlichen Ortsende gelegene **Benediktinerabtei Stift Neuburg**. Das Klostergelände wurde auf einer aussichtsreichen Kuppe zwischen Neckar und Mausbach erbaut, während der Reformation 1562 aufgelöst und seit 1926 wieder mit Benediktinern besetzt. Für Hobbygärtner interessant ist, dass die Mönche die alte Kunst des Klostergartenbaus fortführen (Hofladen, Efeu-Schausammlung). Bekannt sind die Gebäude auch als ehemalige „Romantikerklause“: 1825 erwarb Goethes Rechtsanwalt und Neffe, der Kaiserliche Rat Johann Friedrich Schlosser, die Abtei und machte sie zu einer Begegnungsstätte der Heidelberger Spätromantik.

Entlang des linken Neckarufers ist schon bald die Altstadt von **Heidelberg** **58** mit ihrer fantastischen Lage unterhalb des **Schlosses** erreicht. Fast schon ein Muss ist der Gang auf die (autofreie) **Alte Brücke Heidelbergs**, die berühmteste unter allen historischen Neckarbrücken. Von ihrer Mitte hat man den bekannten Blick über die Altstadtfront hinauf zur Burg und zum Königstuhl.

Mit der Altstadt im Rücken schaut man von der Alten Brücke auf den Steilhang des Heiligenbergs mit der weltberühmte Panoramapromenade

Blick auf die Alte Neckarbrücke, die Schlossruine und die Altstadt von Heidelberg.

Highlight am Wegesrand **58**

Heidelberg

Berühmte Universitätsstadt

Heidelberg ist weltweit bekannt, auf vielen der meist nur kurzen Europareisen besuchen amerikanische oder asiatische Touristen Heidelberg. Der Stadt eilt der Ruf voraus, eine der schönsten Städte Deutschlands zu sein. Grund dafür sind die seit der Romantik so oft betonte Einheit aus schöner Altstadt, malerischer Schlossruine im Steilhang des Königstuhls sowie dem Heiligenberg mit den Klosterruinen und dem aussichtsreichen Philosophenweg. Da die US-Amerikaner Heidelberg als ihr „Headquarter“ ausersehen hatten, blieb Heidelberg im Zweiten Weltkrieg unzerstört und kann heute noch in alter Pracht erlebt werden.

Heidelberg war Residenz der Kurpfalz, an der Universität (1386 gegründet und nach Prag und Wien die drittälteste im Heiligen Römischen Reich) lehrten bedeutende Persönlichkeiten, der Stuttgarter Georg Wilhelm Friedrich Hegel war zeitweise ihr Rektor.

Philosophenweg, die von der Brücke aus allerdings nicht mit dem Fahrrad, sondern nur über eine Stufenanlage erreichbar ist. Der Philosophenweg endet weiter westlich im Stadtteil Neuenheim an der Bergstraße.

Der Schlenker auf den knapp 568 m hohen **Königstuhl** 59 im Süden der Altstadt lohnt sich wegen der Aussicht, mit dem Fahrrad heißt es aber auch, 423 Höhenmeter bis zum Gipfel hinaufzufahren. Wem das zu anstrengend ist, kann bequem mit der Bergbahn den Gipfel erreichen. Der Königstuhl ist der höchste Berg des Kleinen Odenwalds, er bietet einen tollen Blick auf das Neckartal, in die sich nach Westen hin öffnende Rheinebene und bei ganz klarer Sicht sogar bis ins Elsass. Neben zahlreichen Wanderwegen (darunter Walderlebnispfad und Themenweg Via Naturae) bietet der Gipfel auch eine Falknerei sowie eine kleine Ausstellung mit Infos zur historischen Bergbahn und zur Geschichte der Heidel-

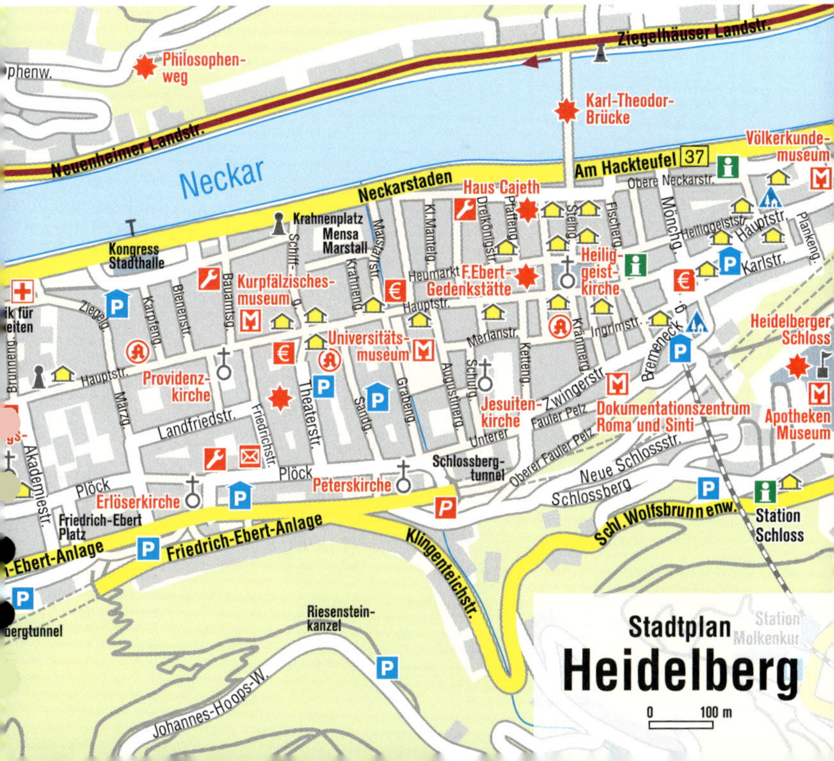

Wissenswertes im Gepäck

Heidelberger Schloss

Aufbauen oder nicht?

Aus einer befestigten mittelalterlichen Anlage entwickelte sich die Burg über die Jahrhunderte zu einem repräsentativen Schloss. Heute zählt es mit seinen Renaissance-Palästen zu den bedeutendsten Kulturdenkmälern Deutschlands. Der Gipfel der kurpfälzischen Baukunst war die Anlage des Schlossgartens „Hortus Palatinus" Anfang des 17. Jhs.

Der Dreißigjährige Krieg und die Pfälzischen Erbfolgekriege machten aus der prächtigen Schlossanlage eine Ruine, die immer mehr verfiel und schließlich nach Blitzeinschlägen 1764 ausbrannte. Und doch wurde die malerische Schlossruine aus rotem, im Abendlicht leuchtenden Sandstein plötzlich Ende des 18. Jhs. berühmt, möglicherweise sogar die bekannteste Ruine weltweit. Reisende, Maler und Schriftsteller aus aller Herren Länder empfanden um 1800 das über dem Neckar thronende Schloss als Inbegriff einer romantischen Ruine, besangen sie in Gedichten, Liedern und Bildern.

Um 1900 entbrannte dann der sogenannte „Schlossstreit" über das Für und Wider eines originalgetreuen Wiederaufbaus. Sollte man es aus seinem (romantischen) Dornröschenschlaf wecken? Viele waren dafür.

Letztendlich setzten sich die Denkmalpfleger durch: Konservieren, nicht restaurieren war ihr Plädoyer. Die Ruine wurde also lediglich mit technischen Maßnahmen vor weiterem Verfall bewahrt. Als einziges Gebäude wurde der Friedrichsbau im Stile des Historismus ergänzt und wieder eingerichtet, mit diesem Bauvorhaben hatte man schon vor dem endgültigen Urteil begonnen.

Das **Weinfass im Fassbau** ist das vierte seiner Art, es wurde um 1751 gebaut und fasste 221.726 Liter Wein (heute sind es durch das Trocknen des Holzes noch 219.000 l). Weil es nie dicht war, wurde es nur dreimal befüllt. Eine Treppe führt auf eine Plattform, die vermutlich früher als Tanzboden genutzt wurde.
www.schloss-heidelberg.de

Wissenswertes im Gepäck

Philosophenweg

Blick vom Naturbalkon Heidelbergs

Einst wandelten hier Gelehrte in steifen Gehröcken, hingen während eines Spaziergangs ihren Gedanken nach und bekamen die eine oder andere zündende Idee.

Der Panoramaweg am Sonnenhang des Heiligenbergs bietet unumstritten eine einmalige Aussicht auf Heidelberg, die Altstadt und die Schlossruine am Königstuhl. Dank des milden Klimas und einer fast schon mediterranen Vegetation lässt sich hier von der Sonne beschienen der „Heidelberger Dreiklang“ von Altstadt, Fluss und Bergen am schönsten genießen. Der **Schlangenweg** verbindet am steilen Hang des nördlichen Neckarufers die Alte Brücke mit dem Philosophenweg. Auf einem sehr steilen, etwa 500 m langen Weg wird der Höhenunterscheid zwischen Neckarufer und den Gärten entlang des Philosophenweges überwunden.

Unterwegs stößt man hinter fast jeder Kurve auf einladende gemauerte Sitzecken. In den kleinen Philosophengärten

Der berühmte Blick vom Philosophenweg auf Heidelberg.

am Weg finden sich zahlreiche Denkmäler von Dichtern und Philosophen, darunter die von Joseph von Eichendorff und Friedrich Hölderlin. Seinen Namen verdankt der Panoramaweg wohl den Studenten, die alle vor Beginn ihres Fachstudiums zunächst Philosophie studieren mussten. Für sie war der Weg allerdings eher ein Ort für romantische Spaziergänge mit der Angebeteten. Der klassische, 4 km lange Rundgang verbindet den Philosophenweg, den Schlangenweg, die Alte Brücke und die Hauptstraße in der Altstadt.

berger Straßen- und Bergbahnen. Dann heißt es Abschied nehmen von der lebendigen Universitätsstadt. Am Fuß des Heiligenbergs in Heidelberg verlässt der Radweg den Odenwald; nach weiterer Fahrt entlang des grünen Neckarufers umfährt er den Zoo Heidelberg auf der Tiergartenstraße (rechts die Universität), die sich nach Passieren des Freizeitbads Tiergartenstraße autofrei und ufernah im Grünen fortsetzt; passagenweise im Gleichlauf mit der historischen Römerstraße. Kurz nach dem Unterqueren der Bundesautobahn A 5 geht es links zur Schleuse Schwabenheim und vorbei an Schwabenheim.

Am gegenüberliegenden Ufer ist das Wahrzeichen von **Edingen-Neckarhausen** zu sehen: der 42 m hohe Edinger Wasserturm, Der 1908 errichtet wurde und heute unter Denkmalschutz steht. Er versorgte die umliegenden Gemeinden mit Frischwasser.

Am Neckarufer rollt man entspannt in die Römerstadt **Ladenburg** 60, die

Highlights am Wegesrand **60**

Römer, Fachwerk und Autos

Ladenburg

Ladenburg blickt auf eine lange Siedlungsgeschichte zurück. Aus dem keltischen *Lokwodunum* wurde unter den Römern der Ort *Lopodunum*, das größte Reiterkastell am Oberrhein. Davon zeugen unter anderem die Reste eines imposanten Forums mit Basilika. Großgrabungen in den letzten Jahren erbrachten zum Teil sensationelle Funde, die im Lobdengau-Museum gezeigt werden.

Zentrum der hübschen **Altstadt** ist der Marktplatz, hier findet sich rund um den Platz ein einzigartiges Ensemble an restaurierten farbenfrohen Fachwerkhäusern aus dem 15. bis 18. Jh. Teile der Kirchen lassen sich bis ins 9. und 11. Jh. zurückdatieren.

Die Reste der mittelalterlichen Stadtmauer stammen aus dem 12. Jh., drei Türme und Tore sind noch erhalten: Das Martinstor (Wormser Tor), der Hexenturm und der Pfaffenturm. Teilweise folgte der Verlauf der Stadtmauer der Linie der römischen Wehrmauer. Sehenswert ist auch die ehemalige lutherische Kirche in einem Haus, das in die Stadtmauer integriert wurde.

Ein hoch aufragendes Wahrzeichen der Stadt ist der **Wasserturm** am Neckarufer im Benzpark.

Das Lobdengau-Museum im schlossartigen ehemaligen Bischofshof der Wormser Fürstbischöfe dokumentiert Archäologie, Stadtgeschichte und

Volkskultur des Lobdengaus, einer mittelalterlichen Gaugrafschaft, die von Heidelberg bis Weinheim reichte.

Automuseum Dr. Carl Benz
Der Automobilpionier Carl Benz verstarb 1929 in Ladenburg, drei Jahre nach der Fusion seiner Benz & Cie Rheinische Gasmotorenfabrik mit der Daimler-Motoren-Gesellschaft zur Daimler-Benz AG. Das Automuseum in der Ilvesheimer Straße – es liegt direkt an der Bertha Benz Memorial Route – hat seine Räume in den historischen Fabrikhallen des 1906 gegründeten Automobilherstellers und -zulieferers C. Benz Söhne.

Es ist das einzige Automuseum, das sich in einer echten historischen Autofertigungsstätte befindet – ein stimmungsvolles Ambiente für die sehenswerten Oldtimer auf zwei und vier Rädern. Zu sehen sind unter anderem ein motorisiertes Benz-Dreirad von 1886 und einen Sauber-Mercedes-Benz C11, in dessen Cockpit einst Rekordweltmeister Michael Schumacher saß.

Ilvesheimer Straße 26
www.automuseum-dr-carl-benz.de

an der Fähre nach Neckarhausen erreicht wird. Die Stadt liegt auf einem Schwemmkegel des Neckars in der Oberrheinischen Tiefebene. Der Ort ist neben seiner archäologischen Bedeutung auch bekannt als Wirkungsort von Carl Benz. Die historische Altstadt ist die letzte unter den vielen sehenswerten Altstädten entlang des Neckars.

Wer das gegenüberliegende klassizistische Neckarschloss in **Neckarhausen** besuchen möchte, kann gleich hier mit der Fähre übersetzen. Das Schloss hat seinen Ursprung in der alten Thurn- und Taxis'schen Posthalterei, die es es wohl seit 1634, wahrscheinlich sogar seit 1614 in Neckarhausen gab. Das Schloss wird heute von der Gemeinde genutzt.

Ein letzter aussichtsreicher Abstecher ist von Ladenburg zur **Strahlenburg** **61** (siehe Roadbook) möglich. Die Ruine der Höhenburg thront über dem Örtchen **Schriesheim**. Die Burg befindet sich in Privatbesitz, ein Burg-

Blick vom Neckar in Mannheim zu den Höhen des Odenwalds.

restaurant lädt aber zur Einkehr ein. Auf dem Steg neben der Eisenbahnbrücke beim Bahnhof Ladenburg wechselt der Neckartal-Radweg aussichtsreich über den Fluss nach **Neckarhausen**, wo nach Durchqueren der Ortslage auf der Hauptstraße wieder das grüne Neckarufer erreicht wird. Bei Seckenheim und Ilvesheim wird die letzte Neckarschleife erreicht: Innerhalb der Schleife liegt Ilvesheim zum großen Teil auf einer Insel, die durch den Bau des nördlich am Ort vorbei gebauten Neckarkanals um 1920 entstanden ist.

Auf nach Mannheim

Der Radweg bleibt am linken Ufer, führt am Ortsrand von Seckenheim vorbei und durchs Grüne schnurgerade am Flussufer entlang, rechts vorbei an der Maulbeerinsel, links der weitläufige **Luisenpark**, unübersehbar der Mannheimer **Fernmeldeturm.** Oben im 218 m hohen Turm befinden sich in 121 m Höhe das Dreh-Restaurant Skyline und eine Aussichtsplattform – mit einem Blick auf Vergangenheit und Gegenwart von Mannheim: Im Süden erstreckt sich die historische Planstadt, im Norden schaut man auf

das Industriehafen-Areal. Richtung Osten erhebt sich der Odenwald, im Westen blickt man an klaren Tagen über das Rheintal auf den dahinterliegenden Pfälzer Wald.

Trotz der Nähe zum Industriehafen und der Stadt wirkt direkt am Wasser alles noch erstaunlich grün und idyllisch. An der **Friedrich-Ebert-Brücke** können diejenigen, die nicht mehr bis zum Rhein fahren wollen, über die Fahrradrampe Richtung Bahnhof abbiegen – am Weg dorthin liegen einige der Hauptsehenswürdigkeiten von **Mannheim** 62 wie etwa der 60 m hohe **Historische Wasserturm**, der 1886–89 erbaut wurde, um für einen konstanten Wasserdruck und verlässliche Trinkwasserversorgung der Stadt zu sorgen. Heute ist er eines der Wahrzeichen der Stadt und steht auf dem Friedrichsplatz, einer der größten zusammenhängenden Jugendstilanlage Deutschlands.

Die letzten Kilometer

Für die **Fahrt zur Mündung** quert man bei der folgenden **Kurpfalzbrücke** den Neckar, radelt weiterhin im Grünen die letzten Kilometer durch die bei Hochwasser überfluteten Neckarwiesen zur Kammerschleuse, die den Wasserstand zwischen Neckar und dem Industriehafen regelt. Die letzten Meter rollt man dann auf der **Friesenheimer Insel** zum Rhein – mit Blick auf die Neckarspitze am anderen Flussufer.

Ein Schild markiert das Ende des Neckartal-Radwegs – es ist geschafft. **Gratulation!**

Für viele wird der Blick auf das gewaltige Industrieareal von BASF am gegenüberliegenden Rheinufer einem kleinen Schock gleichkommen. Nach all den landschaftlichen Höhepunkten im Neckartal, den steilen Tälern, den sonnenverwöhnten Weinbergen, den waldreichen Hängen des Odenwalds, den unzähligen Burgen und malerischen Fachwerkorten ist man zurück in der Zivilisation.

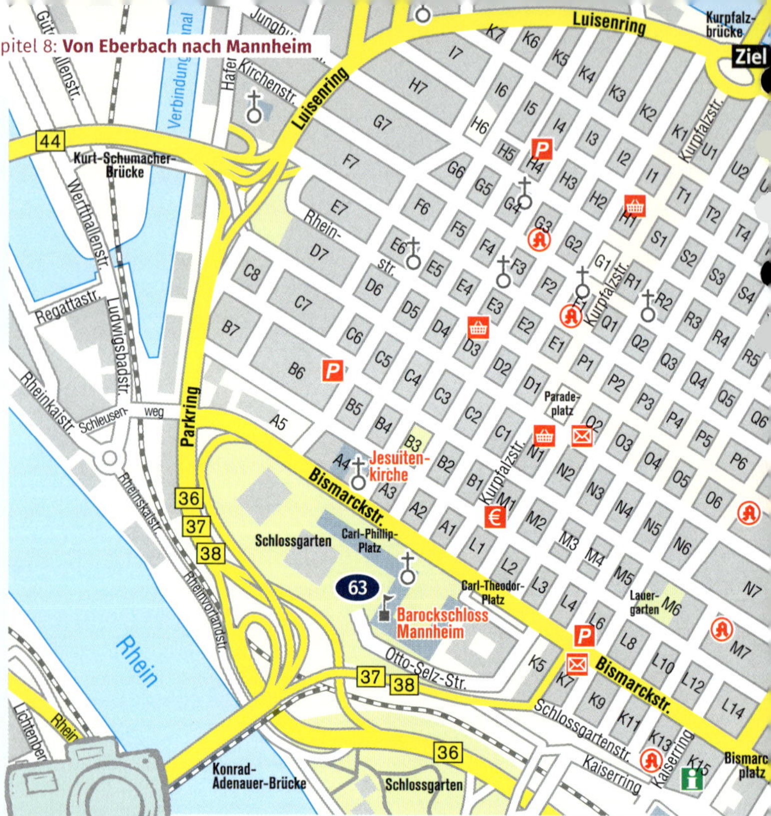

Highlights am Wegesrand 62

Mannheim

Quadratestadt

Die zweitgrößte Stadt Baden-Württembergs hat viele Gesichter – sie ist ehemalige kurpfälzische Residenzstadt, Universitätsstadt und seit dem 19. Jh. ein bedeutender Wirtschafts- und Hochtechnologiestandort in Deutschland.

Der Stadtplan zeigt den ungewöhnlichen Grundriss der Innenstadt. Keine verwinkelten Gassen, wie sie für mittelalterliche Stadtkerne üblich waren, sondern eine hufeisenförmige Altstadt, in der die Straßen keine Namen, sondern nur Buchstaben und Zahlen tragen sowie eine schachbrettartigen Bebauung ausschließlich mit rechteckigen Häuserblöcken.

Auf dem heutigen Schlossplatz stand seit Mitte des 6. Jhs. das Dorf Mannheim, Mitte des 15. Jhs. eines der größten der Kurpfalz. 1606 wurde den Bewohnern der Tausch ihrer Häuser und Grundstücke angeboten, um Platz für die geplante Festung und die barocke Planstadt zu haben.

Die Lage zwischen zwei Flüssen war eigentlich denkbar ungünstig, man kämpfte ständig gegen verschiedenste Naturgewalten wie Hochwasser, winterlichem Eisgang, feuchtem Untergrund und sommerlichen Mückenplagen.

Schlussendlich war erst die dritte Stadtgründung erfolgreich. Dem Geist der Aufklärung geschuldet wurde die Stadt am Reißbrett entworfen, mit einem gitterförmigen Grundriss, aufgeteilt in 144 Planquadrate. Im Südwesten der Stadt ließen sich die Kurfürsten

Schloss Mannheim 63, nach Versailles die größte geschlossene Barockanlage Europas, bauen.

Unter Kurfürst Carl Theodor wurde Mannheim zu einem bedeutenden europäischen Treffpunkt. In der Stadt und im Schloss weilten illustre Persönlichkeiten wie Goethe, Schiller, Lessing und Mozart zu Besuch. In dem 1779 eröffneten **Mannheimer Nationaltheater** wurde 1782 Schillers Drama „Die Räuber“ uraufgeführt. Heute hat die Universität Mannheim hier ihren Sitz. Zusammen mit der Jesuitenkirche, der Alten Sternwarte und dem Alten Rathaus mit der Pfarrkirche St. Sebastian bildet das Schloss ein einheitliches Barockensemble von großer Schönheit. Doch alles hat seine Zeit und so begann für Mannheim der gesellschaftliche und wirtschaftliche Niedergang mit der Entscheidung von Kurfürst Karl Theodor, seine Residenz 1778 nach München zu verlegen. Mit dem Umzug verlor die Stadt rund die Hälfte ihrer Bewohner. Schließlich fiel die Stadt während der Napoleonischen Kriege an das Großherzogtum Baden.

Doch es kamen auch wieder bessere Zeiten: Während der industriellen Revolution avancierte Mannheim zu einem der bedeutendsten Wirtschafts- und Technologiezentren

Wasserturm Mannheim.

Deutschlands, verbunden mit Namen wie Carl Benz.

Viel zu diesem Thema erfährt man im **Technoseum**, einem der großen Technikmuseen des Landes, das den Bogen über 200 Jahre Technik- und Sozialgeschichte spannt und die Geschichte der Industrialisierung als eine Geschichte von Technik und Arbeit erzählt.

Schloss Mannheim
Steht man auf dem riesigen Ehrenhof des Barockschlosses, wird man schier erschlagen von der 400 m langen Schaufassade. Begonnen wurde 1720, als Kurfürst Carl Philipp die Residenz von Heidelberg nach Mannheim verlegte und den Startschuss zu einer Blütezeit der Stadt gab. Der prachtvolle Ausbau erfolgte im 18. Jh. unter Kurfürst Carl Theodor, ein Förderer von Kunst und Wissenschaft. Der Zweite Weltkrieg legte die einst so prächtige Residenz in Schutt und Asche. Nach dem Krieg wurde das Schloss wiederaufgebaut und einige wenige Räume originalgetreu rekonstruiert.

www.schloss-mannheim.de

Technoseum
Das ehemalige Landesmuseum für Technik und Arbeit zählt mit seiner spektakulären Architektur zu den herausragenden modernen Museumsbauten in Deutschland. Ganz in weiß gehalten erweckt das aus schiefen Ebenen bestehende Gebäude den Eindruck, als wäre es selbst in Bewegung. Von der obersten Etage führt chronologisch eine „Raum-Zeit-Spirale" nach unten. Viele der ausgestellten Maschinen

werden regelmäßig vorgeführt, darunter eine Weberei, eine Papiermühle und eine Porsche-Produktionseinheit. Und immer wieder dürfen die Besucher selbst an Experimentierstationen aktiv werden. Egal ob man eine Dampfmaschine in Bewegung setzt, eine Bogenbrücke baut oder bei einer Fabrikplanung in die virtuelle Realität eintaucht – das Angebot ist spektakulär, unterhaltsam und lehrreich.
Museumstr. 1
www.technoseum.de

Wissenswertes im Gepäck

Neckarmündung und Friesenheimer Insel

Bis Ende des 13. Jhs. lag die Neckarmündung südlich von Mannheim. Nach großräumigen Überschwemmungen änderte der Neckar seinen Lauf und mündet seit etwa 1275 nördlich der Stadt in den Rhein.

Die Insel entstand im Zuge der Rheinregulierung durch den „Friesenheimer Durchstich“ 1827 westlich der heutigen Insel. 1869 wurde der Altneckar abgetrennt und der Neckar floss nun durch den neuen Neckardurchstich, der 1880 endgültig fertiggestellt war. Die Bauern, die dort ihre Felder hatten, mussten einen Fährverkehr einrichten, um zu ihren Feldern zu kommen.

Papiermühle im Technoseum Mannheim.

Essen, Trinken & Durchatmen

Ein kulinarischer Abzweig

1882 wurde die Küferei und Weinhandlung Hermann gegründet, damals begannen die Handwerker, kurz vorbeizuschauen und die neuesten Pfälzer Weine zu probieren. Heute sitzt man an historischen Hobelbänken und genießt regionale Pfälzer Gerichte und Weine.

Weinstube Schnitzelbank
Bauamtsgasse 7
69117 Heidelberg
Tel. +49 6221 211 89
www.schnitzelbank-heidelberg.de

Das **Dreh-Restaurant SkyLine** ist im wahrsten Sinne des Wortes der Höhepunkt am Ende des Neckartal-Radwegs. Hier speist man mit fantastischem Blick über den Odenwald bis in die Pfalz in 125 m Höhe. Hier kann man frühstücken, einen Kaffee trinken oder den Abschluss der Fahrt mit einem guten Abendessen feiern.

Dreh-Restaurant SkyLine
Hans-Reschke-Ufer 2
68165 Mannheim
Tel. +49 621 419 29-0
www.skyline-mannheim.de

Der Neckartal-Radweg

Teil 2
Roadbook

Mannheim
Eberbach
Buchen
Kaiserslautern
Sinsheim
Landau
Bad Wimpfen
Obersulm
DE
FR
Karlsruhe
Besigheim
Pforzheim
Haguenau
Esslingen
Strasbourg
Oberkirch
Tübingen
Reutlingen
Freudenstadt
Horb
am Neckar
Balingen
N
Rottweil
Sigmaringen
Villingen
Freiburg

VILLINGEN-SCHWENNINGEN
VILLINGEN
SCHWENNINGEN
START
Kaiserturm
Münster
Oberes Tor
Mus. Altes Rathaus
Riettor
Franziskaner-mus.
Höhenpark Hubenloch
UpJoy
Warenberg
Magdalenenberg
769
Kelt. Fürstengrab
ehem. Warenburg
Läuble
Loh-wald
RIETHEIM
Mühlenhof
Öhmder
Linde
MARBACH
Bühl
Stallberg
772
Lindenhof
Pfaffen-holz
Immenberg
715
Grub
Wanne
Bertholdshöfe
700
Kohlplatz
Zollhaus
Marbacher Wäldle
Mooshof
Elsenberg
Weiherwasen
Stocken
Lourdeskapelle
Saline
Kurklinik
Oberwald
Kugelbühl
721
Fesenwald
Wittmannstal
Stille Musel
Fron-holz
Türnleberg
Seltenbrunnen
Schwenninger Moos
NSG
Neckar-ursprung
Waldeslust
Kugelmoos
708
Dickenhart
Umweltzentrum
Waldfriedhof
Bühl
Neckarbad
Hecht
Galerie
Heimat- u. Uhrenmus.
Mauthepark
Uhrenindustrie-museum
Wildpark
Hölzlekönigin
765
Dt. Uhrenstr.
Hölzlekönig
Saubühlkönig
Eichenberg
738
Schilderhäusle
Schwalben-hag
Hohe Mark
773
Hohes Wäldle
775
Kalk-grube
Hagen
Wieselberg
763
St. Jakob
737
718
523
33
E531
27
1
2
3
4
5
6
05
10

Auftakt: Vom Bahnhof Villingen zur Neckarquelle

❶ **Start** beim **Bahnhof Villingen** → rechts in die *Bahnhofstraße* → rechts auf die Fußgänger- und Radfahrbrücke über die Gleise → vor dem Landratsamt rechts, an der Weggabelung geradeaus zur Unterführung (B 33), vor der Kirche → rechts, an der Kreuzung geradeaus, leicht ansteigend, dem Linksbogen folgen

❷ → rechts auf Straße *Kopsbühl*, auf dem Radweg den Schildern folgen.

❶ nach der Gaskugel (auf der rechten Seite) noch vor dem Gebäude → links, drei Weggabelungen ignorieren und auf Höhe der Gebäude (rechter Hand) → links, an der nächsten Kreuzung → rechts, an der nächsten Kreuzung → links und vor dem Gebäude → links in den Wald zum **Aussichtsturm Wanne**

Am **Modellflugplatz** vorbei und weiter auf der Landstraße *(Zollhäusleweg)* zum Café Hildebrand, über die Gleise nach **Zollhaus**, rechts an den Häusern und einer weißen Stupa vorbei

❸ → links und an der T-Kreuzung wieder → links, im Wald rechts auf einen Schotterweg bis zum **Schwenninger Moos** → links auf den *Moosweg*

❹ vor dem Sportplatz geht es rechts zum See mit dem **Neckarursprung**. Geradeaus und parallel zu den Gleisen auf dem Radweg zum Eisstadion, danach links der Straße und → links die Unterführung nehmen, am Rand des **Möglingparks** zur **Neckarquelle.**

START

❺ **Start** an der **Neckarquelle,** dem Radweg durch den Park folgen, am Bahnhof rechts über die Fußgängerbrücke, dann → links zum Kreisverkehr, unter der Bahn hindurch und am Zebrastreifen rechts am Fluss entlang, die *Burgstraße* queren und weiter durch die Grünanlagen am Neckar entlang, der Radweg mündet in die *Talstraße* ein

❻ an der T-Kreuzung → links in die *Neuffenstraße*, beim Parkplatz → rechts parallel zur *Rottweiler Straße*, vor dem Parkplatz (Aldi Süd) rechts zum Neckar und dem Fluss folgen

2 → links in die *Lupfenstraße*, geradeaus über den Kreisverkehr in den *Steinkirchring*

3 → rechts in den *Spittelbronner Weg* bis zum **Internationalen Luftfahrtmuseum Schwenningen**

7 in einem Rechtsschwenk unter der *Rottweiler Straße* hindurch und weiterhin links vom Fluss beim Flugplatzgelände entlang in den Wald, dann parallel zu den Gleisen, unter der *B 523* hindurch und geradeaus auf dem Wirtschaftsweg beim **Bahnhof Trossingen** vorbei zur Landstraße, diese queren

4 an der Weggabelung rechts, erneut die Landstraße queren und vor Richtung Bahnhof → links in die Straße *Am Staatsbahnhof* → rechts in die Straße *Auf Mittelhardt*, nach dem Zollamt (linke Seite) → links, nach der Unterführung → rechts, nach der Unterführung erst links, dann rechts der *K 5559* nach **Trossingen**
5 im Ort der Straße *Im Steppach*, dann nach einer Kreuzung *Ernst-Hohner-Straße* bis zur *Bahnhofstraße* folgen
6 → rechts in die *Bahnhofstraße*, am Kreisverkehr links in die *Hauptstraße* → rechts in die *Hohnerstraße* bis zum **Deutschen Harmonikamuseum** in **Trossingen**

8 der Radweg entfernt sich von der Bahnstrecke,
9 an der Kreuzung → links, unter der Autobahn hindurch nach **Deißlingen**, nach dem Einkaufszentrum an der Kreuzung → links in die *Schwarzwaldstraße*, an der Kreuzung → rechts in die *Schwarzwaldstraße* → links in die *Schwenninger Straße* und der Durchgangsstraße in einer S-Kurve durch den Ort folgen (*Gupfenstraße, Staufenbergstraße, Rottweiler Straße*)

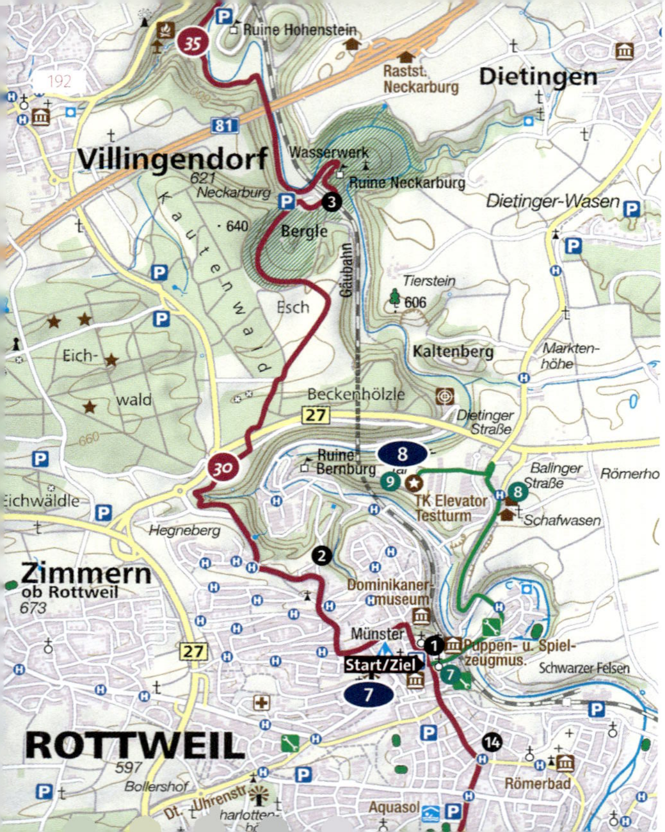

10 vor der Feuerwehr → links in die Straße *In Fürsten*, vor den Sportstätten → rechts und über die Felder nach **Lauffen** in die Straße *Vor Lau* bis zur *Brückstraße*

11 diese kreuzen und geradeaus auf der *Lindenstraße* weiter bis zur T-Kreuzung → rechts in die *Kronenstraße* vor zur *Hauptstraße* und dort → links

12 rechts in die *Friedenstraße*, auf dieser den Ort verlassen und in einem Bogen zur Kreisstraße und parallel zu dieser zur Brücke über die Eschach und auf der Straße *Unterdorf* nach **Bühlingen**

13 links in die *Eckhofstraße* → rechts in die Straße *Oberdorf* zum Ortsende, an der Kreuzung geradeaus in die Straße *Am Adlerberg* und gleich → rechts auf den Radweg, auf der Brücke die B 14 queren und parallel zur Landstraße (*Stadionstraße*) geradeaus Richtung Rottweil (links liegen das Stadion und das Freibad), in **Rottweil** bis zum Kreisverkehr

14 links in die *Königstraße* und über die Hochbrücke und auf der *Hochbrücktorstraße* bis zum *Friedrichsplatz* in der Altstadt von **Rottweil/Ziel.**

Rottweil – die Kinzigtalstraße mit Testturm im Hintergrund.

7 → rechts in die *Hauptstraße* und weiter auf der *Balinger Straße* ins Neckartal, über den Neckar und der *Balinger Straße* zur großen Kreuzung folgen

8 → links in die *Balinger Straße*

9 → links ins *Berner Feld* zum **TK Elevator Testturm**

Start

1 **Start** in **Rottweil** Ecke Hauptstraße/Friedrichsplatz → geradeaus über den Friedrichplatz zur Predigerkirche → links und nach der Kirche rechts in die Straße Kriegsdamm, am Kreisverkehr → links in die *Nägelesgrabenstraße* bis zur Kreuzung *Oberndorfer Straße* → rechts auf den Radweg der *Oberndorfer Straße*, ihrem kurvigen Verlauf aus der Stadt folgen.

2 Im Kreisverkehr halb rechts weiter auf der *Oberndorfer Straße*, dann rechts auf den Radweg, der sich von der Straße entfernt abzweigt, durch eine Senke und vorbei an einem Rastplatz zur Holzbrücke über die *B 27*, danach rechts und bergab rechts um den Umlaufberg **Bergle** herum und hinunter zum **Hofgut Neckarburg.**

3 Die Bahnlinie überqueren und an der Weggabelung links und in einer Haarnadelkurve unter der **Ruine Neckarburg** vorbei und nochmals die Bahnlinie queren (Unter-

Lautenbach
Brand-halde
6
BOCHINGEN
BOLL
643
Aspen
Schlegel
Lindenhof
Sulzhalde
Neckar-Vorstadt
Deponie
Museum im Schwedenbau
OBERNDORF
am Neckar
506
Zündelbrunnen
Oberer
Schlatthof
Mittlerer
Unterer
Dollau
Mühlberg
Stockbrunnen
Wasserwerk
Einfeld
Irslenbach
Ob dem Bösinger Weg
Webertal
Am grünen Berg
Waseneck
Scheibenbühl
45
651
ALTOBERNDORF
Kreuzberg
Unteraichhof (Domäne)
Hegelberg
Käpfle
Keltische Viereckschanze Schwedenschanze
Kapf
600
Hochwald
Höhingen
Gäubahn
Fischweiher
Ruine Schenken-burg
5
Haselbrunnen
Harz-
Harzwaldhaus
Harzwaldhäuser
Schappelwald

Eckkapf
Sommerberg
Tobe
Spitalhalde
Viehhaus
Hochsträß
Römerstraße
Neckar
Schlosshalde
Albeck
NSG
Dornhaner Ebene
Zimmerplatzhütte
Riedelhalde
578
Geroldseck (Domäne)
633
Keltische Viereckschanze
55
Reutee
Hubertush.
Dürrholz-
Stumpen-wald
Spitzwald
ebene
Römerstr. Neckar-Alb-Aare
Hopfauer Weg
Ettenberg
Schanze
Aubrunnen
SIGMARSWANGEN
Rötelhof
Gäubahn
WEIDEN
634
Surrenfels
7
Ruine Bogeneck
Allmend-wald
Buchhalde
AISTAIG
Herrenhof
50
Bollerfels
Keltische Viereckschanze
Hummelberg
616
Herrenwald
Brand-
Lautenbach
BOCHINGEN

führung), am linken Neckarufer weiter auf Schotterweg, unter der *A 81* hindurch und danach in einem Linksbogen kurz weg vom Fluss, dann weiter am Fluss entlang den Schlossberg mit der **Burgruine Hohenstein** umrunden, nun entlang der Bahnstrecke beim Bahnhof Talhausen vorbei nach **Talhausen**

❹ → rechts über die Bahn und den Neckar → links am Waldrand entlang zur nächsten Neckarbrücke, den Fluss queren und nun auf Asphalt entlang der Bahnlinie am linken Flussufer entlang bis **Epfendorf**, bei der ersten Neckarbrücke

❶ → rechts über den Neckar und auf dem Butschhofweg zum **Eingang der Schlichemklamm.**

Geradeaus weiter an Epfendorf vorbei zur zweiten Neckarbrücke, unter dieser hindurch und weiter zwischen Bahn und Fluss

❺ → rechts zur Neckarbrücke und auf dem Radweg neben der Straße weiter, die Straße unterqueren und am Neckar entlang nach **Altoberndorf,** die Kreisstraße queren und weiter geradeaus auf dem *Irslenbachweg*, bei den ersten Häusern links in die *Kienzlestraße* und am rechten Neckarufer entlang zur *Teckstraße* und auf dieser nach **Oberndorf**, bei der Neckarbrücke geradeaus weiter auf der *Hölderlinstraße*

Hohe Tannen
Kehrhalde
Priorberg
Gelber-
wald
Horber
Bühl
Ersach
Linsenbühl
Hofwald
Heiligensteig
Oberhof
604
Florianshütte
Allmend
Lange Steige
Allerheiligen
586
Wasserschloss Glatt
mit Adelsmuseum
Hotel Kaiser
Dürrenmettstetten
Butzenstein
Glatt
GLATT
415
421
Breite
Buch-
halde
Lönshütte
547
Schlenkenhalde
Bürgenwasen
Hopfau
434
432
Ramshalde
Breitenhag
Marienhof
Maßholder
607
Niederdobel
Pfauhof
SCHILLERHÖHE
Römerstraße
Lindentäle
SULZ
a. Neckar
433
Beim Hengstetter
Brunnen
Steingarten
Viehhaus
Ofenhalde
Römerstraße
Hochstraß
Neckar
Weilerhaus
Albeck
KASTELL
Römerkeller
Rebberge
Heubühl
Weiten-
brunnen
HOLZHAUSEN
Buben-
brunnen
509
Hirschen
Göller
Pfingstbrunnen
Schaltenberg
Ellenberg
Mühlbach
Salzbohrhaus
E41
81
484
Hursch
Eckhof
Schleifthalde
Neckar
Sperber
Mühlheim
429
Untere
Mühle
All-
510
mend
Taugstein
Bühlhof
Holzbrunnen
Schnaithof
537
Blaufuß
Fischinger
Hölzle
521
Fischingen
Schliet
Bergen
517
502
Wehrstein
Eck-
wald
Lehle
Höhenhof
Eichenbühl
Aschoch
Henge
Neckarhausen
Pfähjochbrücke
409
Neckar
Mellesthalde

❻ → links in die *Dammstraße* und etwas oberhalb der Wasserlinie entlang, bis die Straße in die *Wiesentalstraße* einmündet, dieser immer geradeaus folgen, weiter geradeaus auf der Uferstraße zur Neckarbrücke in **Aistaig** → rechts in die *Schulstraße*, auf dieser den Ort verlassen und im Talboden

❼ nach der Kläranlage in einem Bogen um den **Stausee Aistaig** herum und am rechten Rand des Tals nach **Sulz am Neckar,** ab dem Ort auf der *Weilerstraße* beim Stadion vorbei zur T-Kreuzung

❽ links in die *Obere Hauptstraße* zum *Marktplatz*, weiter geradeaus auf der *Unteren Hauptstraße* zur Neckarbrücke weiter entlang des Flusses zur nächsten Neckarbrücke (Holzbrücke), auf dieser den Fluss queren

❾ Zwischen Bundesstraße und Fluss entlang zur Neckarbrücke beim Ortseingang von **Fischingen**, dort die Querstraße nehmen und rechts beim Sportplatzgelände vorbei und an der *B 14* entlang bis zur Kreuzung

❷ → über die Neckarbrücke und der *Bahnhofstraße* folgen

❸ in einem Linksbogen weiter auf der *Freudenstädter Straße*, die *B 14* queren

❹ → links in die Straße *Kappel* → rechts in den *Stockenbergweg*, zu Fuß zum **Aussichtspunkt Stockenberg**

❺ rechts über den Neckar (Straße *Rathausplatz*) bis zur T-Kreuzung → rechts in die *Schloßbergstraße*

❻ kurz nach der rechts abgehenden Straße *Im Herrengarten* → links zu Fuß zur **Burgruine Wehrstein**

❿ die B 14 nach links queren und in einem S-Bogen über die Bahntrasse → links in die *Alte Glatter Straße* und links von der Bahntrasse auf Schotterweg leicht bergan, im Wald an einer Weggabelung links halten und weiterhin im Wald einen Linksbogen fahren bis zu einer Weggabelung (rechts eine kleine Neckarbrücke),

⓫ hier geradeaus weiter zur nächsten Weggabelung

→ auf der linken Neckarseite bleiben und geradeaus weiter auf der *Holzhauser Straße* zum Kreisverkehr → die dritte Ausfahrt nehmen (*Rottweiler Straße*) und vor der Brücke links auf den Radweg zum Flussufer, unter der Neckarbrücke hindurch und rund 2,5 km geradeaus

❼ → links dem Radweg (*Alter Rainweg*) über die Felder und durch Wald zum Ortseingang von **Glatt** → rechts in die Straße *Spätgarten*

❽ → links in die *Unterdorfstraße* vor zum Wasserschloss Glatt → rechts in die Straße *Schloß* vor zum Eingang auf der Nordseite des **Wasserschlosses Glatt.**

Kapitel 2: **Von Rottweil nach Horb am Neckar**

⓬ → rechts zur *Kreisstraße* hinunter → links und gleich rechts. Entlang der rechten Talseite nach **Dettingen**, dort in den *Käppelisweg* und bis zur T-Kreuzung → rechts auf der *Sulzer Straße* über den Neckar, in der Rechtskurve links in die Straße *Degenau* Richtung Horb.

Der Radweg verläuft links der Bahn zur **Erlebnis-Eisenbahnwelt Horb** (die Gleise können bei der Unterführung „Fußweg nach Isenburg“ gequert werden, danach 500 m gegen die Fahrtrichtung zum Museumseingang)

⓭ bei der Unterführung weiter geradeaus nach **Horb am Neckar**, zunächst unter der Straßenbrücke, dann wenig später unter dem Flößersteg und schließlich unter der nächsten **Straßenbrücke/Ziel** hindurch.

Für einen Besuch der **Altstadt von Horb am Neckar** nach der Brücke in einem Bogen auf die Brücke fahren und den Neckar queren.

Start

❶ **Start** in **Horb am Neckar** nach der Neckarbrücke (B 14), geradeaus auf der Straße *Untere Au* am rechten Neckarufer entlang

❷ → über den Bahnübergang und nun rechts der Bahntrasse zum **Hofgut Egelstal** und geradeaus weiter auf einer Anliegerstraße zum Ortseingang von **Mühlen,** rechts auf dem *Egelstaler Weg* an der Siedlung vorbei zur T-Kreuzung → links in die Straße *Waagrain* → rechts in einen geteerten Wirtschaftsweg (*Auwaldweg*) parallel zur Bahntrasse in einen Wald, im Wald links und kurz darauf nochmals links halten und in einem Rechtsbogen an der Kläranlage vorbei zur Neckartalbrücke Weitingen (A 81), unter dieser hindurch, bergauf, dann in einem Bogen bergab zur Brücke über die Eyach

❸ → links und in einem Rechtsbogen unter der Landstraße hindurch in die Straße *Am Bahnhof* zum **Bahnhof Eyach**

❹ weiter auf der Straße *Am Bahnhof*, in der Rechtskurve links und entlang der Bahn und auf geteerter Straße zu einer T-Kreuzung → links Richtung Börstingen, weiter der Bahntrasse folgen, die Bahngleise queren

❺ kurz darauf an der Weggabelung → links halten und in einem Rechtbogen nach **Sulzau**, am Ortseingang auf dem Radweg parallel zur *Wiesenstraße* zum Neckar → rechts am Wasser entlang zur **Neckarbrücke Sulzau**

❻ den Neckar queren → rechts auf die *L 370* und auf dem straßenbegleitenden Radweg nach **Bieringen** zur Neckarbrücke → rechts über die Brücke und → links in die *Allmandstraße*, nach dem Rechtsbogen (Richtung

Bahnhof) → links auf den Radweg, über die Felder vor zum Neckar kurz flussnah, dann wieder etwas entfernt vom Fluss zur Landstraße

❼ → links, rechts die Unterführung nehmen, in einem Rechtsbogen auf die Neckarbrücke, den Fluss queren → gleich rechts weiter auf dem Radweg, in einem Rechtsbogen zum Neckar und am Fluss entlang, dann links der Bahn am Hang entlang zum **Bahnhof Niederau**, weiter am Hang entlang an der Bronnbachquelle und später am Steinbruch vorbei zu einer Weggabelung

❽ → links in die Straße *Neckarhalde* und am Fluss entlang bis zur Neckarbrücke, schräg links auf der *Königstraße* zum *Marktplatz* von **Rottenburg am Neckar,** links am Dom vorbei, dann → rechts in die *Stadtlanggasse*, später *Gartenstraße*, die *Sprollstraße* (rechts geht es zur Neckarbrücke) queren und auf der *Gartenstraße*, die auf Höhe der Gutleuthaus-Kapelle in die *Siebenlindenstraße* übergeht, der Straße aus dem Stadtgebiet folgen.

❾ Am Ortsende weiter geradeaus über die Felder bis zur Kiesgrube → links und gleich rechts und geradeaus weiter, nach 1 km den *Rittweg* queren, danach nach den ersten Häusern von Hirschau (linke Seite) → links in die Landaustraße → rechts in die *Jahnstraße* bis zur Kreuzung → links in die *Wehrstraße* → rechts in die *Grabenstraße* bis zur T-Kreuzung

1 → links zur *Kingersheimer Straße* → rechts in die *Blumbergstraße* → links in die *Spitzbergstraße* →geradeaus weiter auf dem *Riedkelterweg* → links in den *Kapellenweg*, an der Gabelung → rechts weiter auf dem *Kapellenweg* →links in die *Riedstraße*, nach dem Linksbogen

(2) → rechts über die Felder immer geradeaus bis zu einer T-Kreuzung (Parkplatz Uhlandhalle)
(3) → rechts, am zweiten Parkplatz vorbei und den Wegweisern zur **Sankt-Remigius-Kapelle (Wurmlinger Kapelle)** folgen.

(10) → rechts in den *Fährenweg* → links in die *Torstraße* → rechts auf Radweg → die *L 371* queren, danach gleich → rechts in einen kleinen Weg, der Radweg verläuft getrennt von der Landstraße in einem Bogen zur Neckarbrücke, diese queren
(11) → links und entlang des Flussufers bis zur **Eberhardsbrücke** in **Tübingen**

(4) auf der Altstadtseite der **Eberhardsbrücke** geradeaus in die *Mühlstraße*, die Kreuzung queren und weiter auf der *Wilhelmstraße* bis zu ihrem Ende
(5) → links in die *Bebenhäuser Straße (L 1208)* bis zum großen Parkplatz am Ortseingang
(6) → rechts in die Alte Straße → rechts in die *Schönbuchstraße*, nach dem Landhotel Hirsch → links weiter auf der *Schönbuchstraße* zum **Kloster und Schloss Bebenhausen**

Kloster Bebenhausen

LUSTNAU
Furtwiesen
Neckar
Blaulache
NSG
115
Banholz
Römerstr.-Neckar-Alb
27
Groß-
Tü.-Lustnau
316
Karlsplatz
Kusterdingen
410
holz
Hohe Mark
Hagen
Wirtsbühl
Hollbrunnen
Hollbach
Schlat
Landgut Kemmler
Röle
Wert
Wankheim
Härten
Steinstraße
Berg
Mähringen
Schammberg
Ramslache
423
Auchtert
360
Wannweil
Koblet
Jettenburg
374
Lumpenbach
373
Echaz
Kirchentellinsfurt
382
Schloss-mit Museum
ehem. Schalggenburg
Bühl
401
SICKEN-HAUSEN
Zeil
381
DEGER-SCHLACHT
464
ROMMELSBACH
368
ORSCHEL-HAGEN
Stockach
BETZINGEN
416
DAV
Kletterzentrum
Museum im Dorf
Alte Post
Feuerwehrmu
Industriemagazin
Kunstmus.
Stadthalle
Kunstmuseum Spendhaus
Domino Stiftung
20
28
399
Galgenberg
BMX-Bahn
Bühl
397
REUTLINGEN
383

START

❶ **Start** in **Tübingen** auf der Altstadtseite der Eberhardsbrücke → rechts in die *Gartenstraße* → rechts in die *Hermann-Kurz-Straße* zum Neckar und am Wasser entlang auf dem Radweg bis zur Einmündung des Radwegs in die *Gartenstraße*, über die **Ammerbrücke**, danach

❷ → rechts auf die *Nürtinger Straße* → rechts in die *Kusterdinger Straße*, über die Neckarbrücke und

❸ die dritte Straße → links und über die Felder Richtung Kirchentellinsfurt, links an der Schreinerei vorbei und durch die Unterführung der *L 379*

① nach der Unterführung → rechts vor zur *L 379* und auf dieser auf der *Wannweiler Straße*, nach dem Kreisel *Kirchentellinsfurter Straße* bis **Wannweil**

② im Kreisel → rechts auf die *Kusterdinger Straße* → links auf die *Dorfstraße*, später *Grießstraße* parallel zur Bahn am Friedhof Betzingen vorbei

③ schräg links in die Jakob-Keck-Straße zur T-Kreuzung → links in die Jettenburger Straße, geradeaus weiter auf der Straße

④ nach der Evang. Kirche rechts in die *Steinachstraße*, später auf der **Tübinger Straße** Betzingen verlassen

⑤ die *B 28* queren und geradeaus weiter auf der *Tübinger Straße* bis zum Bahnhof Reutlingen West

⑥ weiter dem Verlauf der *Tübinger Straße* folgen bis zur T-Kreuzung → rechts in die *Gutenbergstraße* → links in die *Eberhardstraße*

⑦ → rechts in die *Wilhelmstraße* bis zum **Marktplatz von Reutlingen**

Reutlingen.

→ geradeaus bis zur Fußgängerbrücke über den Neckar

❹ → vor zur *B 27* und → rechts parallel zur Bundesstraße an den Baggerseen vorbei, unter der *B 464* hindurch und weiter entlang der *B 297*, unter der Neckarbrücke nach Altenburg hindurch und weiter am Fluss entlang zur nächsten Neckarbrücke nach **Oferdingen,** unter der Brücke hindurch

❺ nach der Unterführung → links und gleich rechts, der Radweg führt durch die Felder, macht einen weiten Linksbogen

❻ → rechts und auf der Fußgängerbrücke über den Neckar → links und am Hang entlang zu den ersten Häusern von **Mittelstadt**

❼ → rechts in die *Neckartenzlinger Straße* → links auf die Neckarbrücke → rechts in die *Neckartenzlinger Straße* → links an der **Alten Weberei Mittelstadt** vorbei zur *B 297* → rechts und 3 km parallel zur Bundesstraße bis **Neckartenzlingen**, auf der der *B 297* über den Seitenarm des Neckars → rechts in die Straße *Im Wasen*, am Kreisverkehr vorbei und auf der Straße *Am Neckarsteig* im Rechtsbogen auf der Fußgängerbrücke über den Neckar und vor zu einer T-Kreuzung.

❽ → links und rechts auf der Straße *Marktplatz* vor zur Kreuzung, geradeaus weiter auf der *Schulstraße* Richtung Altdorf durch den Ort, nach einem Linksbogen über das Flüsschen Erms, rechts am Friedhof vorbei kurzzeitig steil bergauf

❾ bei der Grundschule links in die Straße *Im Heiligenbronn* und leicht bergab zu den Sportstätten, durch die Felder und der Beschilderung folgend unter der *B 312* hindurch zum **Aileswasensee.** Auf der *Seestraße* entlang des Ufers bis zur *Reutlinger Straße* in **Neckartailfingen** → links in

Kühegertle
Waldhauser Holz
Buchhalde
391
Wolfschlugen
Riedern
Oberboihingen
276
Tachenhausen
317
Hungerhalde
Würtemb. Weinstr.
Römerstr. Neckar-Alb
Neckar
Oberensinger Höhe
Sammlung Domnick
HARDT
Kreuzstein-äcker
Benzberg
385
344
ZIZIS-HAUSEN
Talbach
Hartwasen
342
Jakobsbrunnen
Dt. Fachwerkstr.
Fallbach
Hoher Rain
Ulrichstein
376
AICHTAL
Aich
OBER-ENSINGEN
Römischer Gutshof
Steinenberg
318
Marbach
Linsenried
Bauernwald
Alpakafarm
373
Galgenberg
Schillerhöhe
140
11
Ruoff Stiftung
351
REUDERN
Tälesbahn
Schwäb. Dichterstr.
Jettenhart
GRÖTZINGEN
Heerweg
21
Stadtmuseum
NÜRTINGEN
292
Bol
Stollenhald
SAV
Ersberg
342
Börlenberg
343
NECKARHAUSEN
Römerstr. Neckar-Alb
297
Tiefenlochsee
Neckar-
Forst
318
Sternwarte
Hülen-
Joh.-Sonn-H.
337
313
Bettwangsee
135
10
tailfingen
Enzenhardt
363
Sofazügle
Lehrhof Tiefenbach
Tiefenbach
berg
Kräuterbühl
345
ehemalige Burg Liebenau
RAIDWANGEN
Reuthof
Raiger-wäldle
Steinach

die *Reutlinger Straße* → rechts in die *Bahnhofstraße*, auf dieser bis zum Ortsende, im Rechtsbogen

10 → links Richtung Reitanlage, dort → rechts, dann links am **Beutwangsee** vorbei zum Biergarten → links zum Neckar und am Ufer entlang vor zur Brücke → rechts, die Straße queren und geradeaus in die kleine Straße *An der Autmut*, vor dem Haus → links und gleich wieder links und am Bach entlang vor zum Neckar, diesem bis zur nächsten Neckarbrücke folgen, unter dieser durchfahren, dann in einem Rechtsbogen auf die Brücke, den Fluss queren, danach → rechts entlang der *B 313*, dann rechts zum Parkplatz und zur **Aussichtsplattform** mit schönem Blick auf Nürtingen am anderen Ufer.

Für einen Besuch der **Altstadt von Nürtingen** von der Aussichtsplattform im Linksbogen zum Radweg an der *B 313* → rechts über die Neckarbrücke in die Altstadt

11 geradeaus weiter unter der Brücke hindurch, ufernah nach **Oberensingen**, den Steg über die Aich queren →

Nürtingen am Neckar.

Köngen
282
210
WENDLINGEN
am Neckar
280
Bergäcker
Haarlet
338
WERNAU
(Neckar)
277
Hängeloh
Sulzhau
Herlach
363
Dt. Fachwerkstr.
Lutherlinde
Notzingen
Wellinger
Kirchle
Röm.
Kastell
Römer-
park
22
Wendlingen
55
313
Württemb. Weinstr.
NSG
Bodenbach
Freitagshof
BODELSHOFEN
Stadtmuseum
Albvereinshaus
UNTER-
BOIHINGEN
ÖTLINGEN
Egert
365
Jugenddorf
Hohes Reisach
Unter-
ensingen
294
145
Ringerbrunnen
331
Egert
309
Rübholz
Lauter
Wangerhalde
KIRCHHEIM
unter Teck
Kornhaus
Literaturmuseum
23
297
Oberboihingen
276
Tachenhausen
NBS Wendlingen-Ulm (im Bau)
317
357
8
E52
LINDORF
Autohof
Neckar
Talbach
342
362
Hartwasen
Verkehrs-
übungsplatz
Fachwerkstr.
56
Kirchheim
(Teck)-West
Galgenberg

rechts und unter der Straßenbrücke hindurch, kurz noch am Ufer entlang dann →rechts entlang der *Oberensinger Straße*, nach 200 m bei den Wegweisern → schräg links in die *Haldenstraße*, auf dieser durch **Zizishausen**, die **Haldenstraße** endet in der *Zugäckerstraße*, hier → rechts und gleich links in die *Unterensinger Straße*, auf dieser **Unterensingen** umfahren

12 am Ortsende → links, dann rechts parallel zur Kreisstraße unter der Autobahnbrücke hindurch, danach die *L 1200* (Römerbrücke) über eine Ampel queren.

8 An der Ampel der **Neckarbrücke Wendlingen** → links, unter der Straßenbrücke hindurch in die *Bahnhofstraße*,

9 → links in die *Wertstraße*, an der T-Kreuzung → rechts in die *Wilhelm-Maier-Straße*, geradeaus über den Kreisel und der *Adolf-Ehmann-Straße* in einen Linksbogen folgen

10 auf Höhe der *Goethestraße* links und in einem Bogen zum **Römerpark in Köngen**

11 An der Ampel der **Römerbrücke** → rechts die Brücke queren und der *Stuttgarter Straße*, dann *Ulmer Straße* durch **Wendlingen am Neckar** folgen, in **Ötlingen** heißt die Straße wieder *Stuttgarter Straße*, sie endet in **Kirchheim unter Teck** an der Kreuzung *Kolbstraße/Paradiesstraße*

12 geradeaus auf der *Max-Eyth-Straße* zur Kreuzung *Alleestraße*

13 rechts in die *Alleestraße* → links in die Straße *Marktplatz* und vor zum **Marktplatz in Kirchheim unter Teck**.

13 nach der Ampel rechts zur **Ulrichbrücke** und vor dieser links weiter auf dem Radweg entlang des Neckarufers, zwischen Hüttensee und Neckar, wenig später am **Wernauer Baggersee** vorbei am Ostufer zu den Sportstätten von **Wernau**.

Kapitel 4: **Von Tübingen nach Esslingen**

⓮ unter der Neckarbrücke nach Wernau weiter am Ufer entlang, unter mehreren Straßenbrücken hindurch in den **Landschaftspark Bruckenwiesen** – gegenüber mündet in der Linksbiegung die Fils in den Neckar. 200 m nach der Unterführung

⓯ → rechts über den Fußgängersteg (Ottosteg), → links hinunter und nochmals → links in einen Tunnel, der unter den Gleisen und der Neckarstraße in **Plochingen** verläuft. An der T-Kreuzung links vor zur *Schorndorfer Stra-*

ße, diese queren und geradeaus auf die *Neckarstraße* – links leuchtet der **Hundertwasser-Regenturm**.

16 beim Regenturm → links in die *Neckarstraße*, weiter auf der Straße *Am Fischbrunnen* zur *Esslinger Straße* → rechts auf dem Radweg entlang der Ausfallstraße Plochingen verlassen und nach **Altbach** hineinfahren

17 Vor dem **historischen Rathaus** → links unter den Bahngleisen hindurch in den **Heinrich-Mayer-Park** und vor zur *Industriestraße*

18 → rechts und der Beschilderung durch das Industriegebiet folgen, an der zweiten Kreuzung → links

19 eine Brücke führt über den Alten Neckar, dann entlang des Flusses nach **Oberesslingen,** am Ende der Neckarinsel wird die Adenauerbrücke unterquert, geradeaus weiter am **Neckarfreibad Esslingen** vorbei, dann kurz am Hammerkanal entlang zum **Wasserhaus** (hier kann man schiebend die Brücke queren)

20 an der überdachten Brücke vorbei bis zur Straßenbrücke → links über den Kanal und geradeaus am Landratsamt vorbei in den **Merkel'schen Park**, unter der Vogelsangbrücke hindurch zum

21 **Pliensauturm in Esslingen/Ziel**.

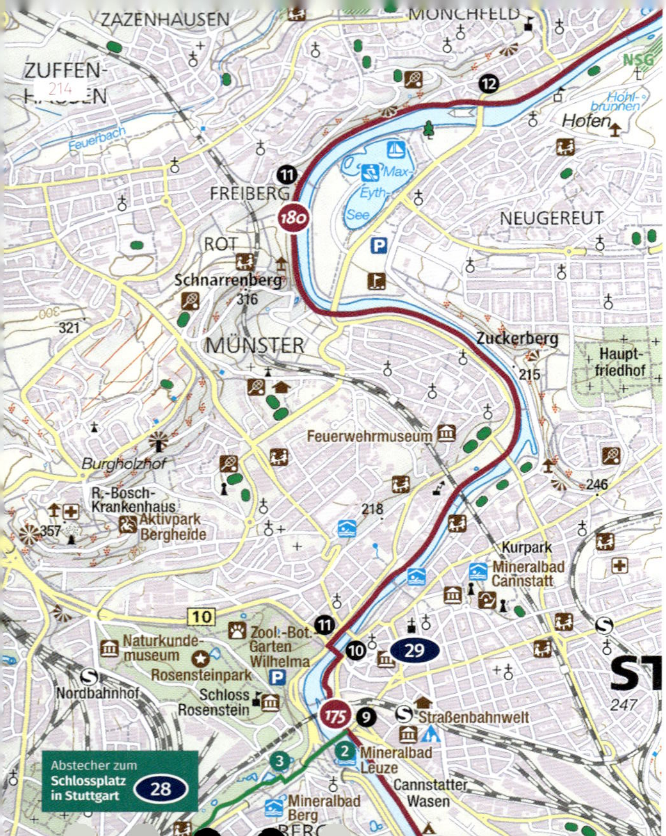

Start

❶ **Start** in **Esslingen** beim Pliensauturm, am Neckarkanal entlang bis zur Brücke über den Roßneckkanal, weiter am Fluss entlang bis kurz vor der Schleuse Obertürkheim

❷ nach der Unterquerung der Straßenbrücke → hoch zur Hedelfinger Brücke→ rechts und nochmals rechts am Daimler Parkhaus vorbei

❸ → links in die *Hafenbahnstraße* und der ausgeschilderten Alternativroute nach Obertürkheim über stark befahrene Straßen folgen (alternativ mit der S-Bahn nach Bad Cannstatt fahren)

❹ → rechts auf der Straße *In den Stegwiesen* die Bahngleise queren, danach

❺ → links in die *Augsburger Straße* und weiter zum **S-Bahnhof Untertürkheim**

❻ → im Kreisel links unter den Bahngleisen hindurch → rechts entlang zum **S-Bahnhof Untertürkheim**

❼ →eine Straßenbrücke hinauf und in einer Spirale wieder hinunter, → links in die *Mercedesstraße* und gleich → rechts in die *Benzstraße*, auf dieser bis zum Parkplatz des Hallenbades.

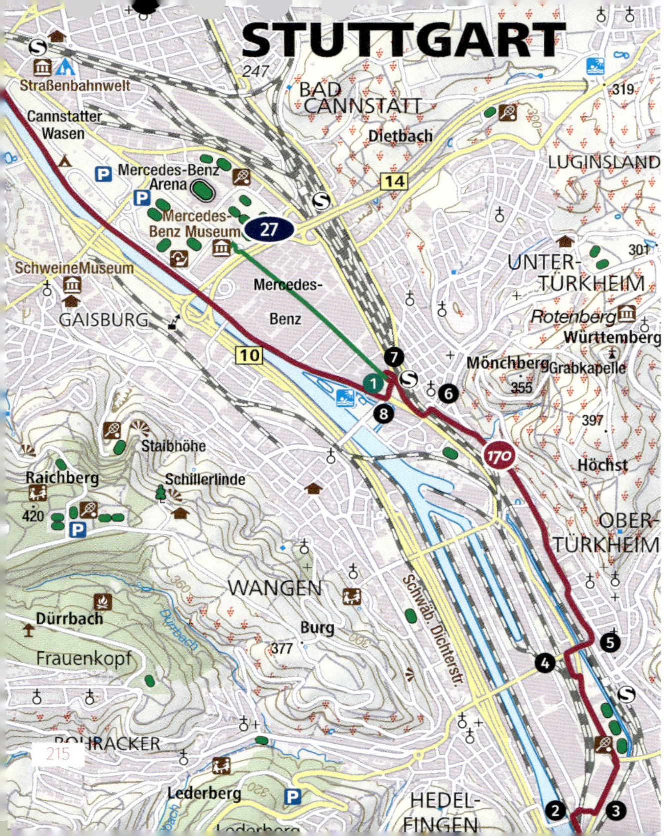

1 →rechts in die *Mercedesstraße* und auf dieser zum **Mercedes-Benz-Museum**

8 →rechts und zwischen Daimlerwerk und Neckar flussabwärts bis zur **König-Karls-Brücke**

2 →vor der Brücke die Rampe hochfahren und auf der linken Seite der Brücke ans andere Neckarufer wechseln, sofort die Brücke nach links verlassen und an der Bahnlinie entlang vor zur Straßenbahnhaltestelle Mineralbäder

3 hier die Gleise queren und vor dem Teich links → auf dem Hauptweg durch den **Unteren Schlossgarten** zur Grünen Brücke über die Cannstatter Straße in den **Mittleren Schlossgarten**

4 links vom Teich und immer linkshaltend am Planetarium vorbei zur Brücke über den Gerhard-Müller-Platz in den Oberen Schlossgarten und durch diesen zum Neuen Schloss, nach Süden folgt der Schillerplatz mit dem **Alten Schloss** im **Stuttgarter Zentrum**.

9 unter der **König-Karls-Brücke** und der Bahnbrücke hindurch in eine Parkanlage in **Bad Cannstatt**

10 über drei Ampeln auf die Nordseite der Rosensteinbrücke wechseln, den Neckar queren; wenige Meter links befindet sich der Haupteingang des **Zoos Wilhelma**.

KORNWESTHEIM
303
OSSWEIL
Oßweiler
GRÜNBÜHL
Höhe
PATTONVILLE
Landeplatz Pattonville Kornwestheim
271
Wolfsbühl
Viesenhäuser-Hof
Gänsbach
Mussental
Sonnenhof
Waldgrund
257
MÜHLHAUSEN
Grüben
Rossbrunnen
Oberwiesen
Strut
260
Uhlberg
Au
NECKAR-GRÖNINGEN
ALDINGEN
266
Renaissance-schloss
Neckar
190
185
14
5
6
Neckarstrand
REMSECK
am Neckar
202
NECKARREMS
288
Schaltenberg
287
Hart-
Hart
wald
300
Büchenau
Hundsbuckel
Tennhof (Domäne)
258
HEGNACH
Altach
275
HOCHDORF
233
HOCHBERG
Rot
Hochberger Wald
280
Hummelberg
266
Dt. Fachwerkstr.
Löhle
BITTENFELD
Horgenbach
Wölflesäcker
285
Zipfelbach
Äspach
Schönbühl
296
Schwillbrunnen
Rems
NSG
HOHEN-ACKER
Zillhardtshof
Remsmühle
Hegnacher Mühle
291
Erbach
225
Klein-hegnach
Höhe
Abstecher durchs Remstal nach Waiblingen
30

⓫ nach der **Rosensteinbrücke** → rechts weiter am linken Neckarufer, unmittelbar am Wasser entlang bis zum Max-Eyth-Steg

– hier kann man rechts zum **Max-Eyth-See** fahren

⓬ beim Max-Eyth-Steg geradeaus weiter zur **Hofener Brücke**

⓭ In **Mühlhausen** bei der Schleuse Hofen unter den Straßenbrücken hindurch und weiter am linken Neckarufer bis zur Wehrbrücke Aldingen, unter dieser hindurch nach **Neckargröningen** zur Neckarbrücke und unter dieser hindurch

❺ nach der Neckarbrücke → rechts über den Neckarsteg und geradeaus entlang der Rems zur *Remstalstraße*

❻ → rechts über den Remssteg → rechts auf dem Remstal-Radweg neben der *Mühlstraße* → links in die *Hintere Straße* → rechts in die *Mühläckerstraße* zum Remsufer, den Schildern des **Remstal-Radwegs** bis zur *Winnender Straße* in **Waiblingen** folgen

❼ → links über die Brücken nach Waiblingen, die *Lange Straße* leitet in die Innenstadt von **Waiblingen**

MARBACH
am Neckar
228
Benningen
am Neckar
FREIBERG
am Neckar
LUDWIGSBURG
292
GEISINGEN
a. Neckar
BEIHINGEN
a. Neckar
HEUTINGSHEIM
HOHENECK
NECKARWEIHINGEN
POPPENWEILER
Neckar
Alte Burg
Römerstraße
Schillers Geburtshaus
Schiller-Nationalmuseum
Schillerhöhe
Literaturmuseum
Galgen
Schäringshalde
Lerchenbühl
Heuweg
Salzmann
Makenhof
Henke
Hörnle
Eichgraben
Löherle
Wolfsäcker
Ameisenhau
Rotäcker
Kleines Feldle
Bocksberg
Seelesbrunnen
Roßberg
Deutsche Fachwerkstraße
Pfollern
Gschnait
Nußbäumle
Burghalde
Zugwiesen
Kelter
Zehntscheuer
Ölmühle
Säubrunnen
Rosenau
Kugelberg
Fußgänger-/Radler-unterführung
Favoritepark
Jagd- u. Lustschloss Favorite
Residenzschloss
Freizeitpark
Alter Friedhof
Heilbad
Harteneck
Loch
Grüben
NSG

⓮ → rechts weiter am linken Neckarufer, zunächst auf der Dammkrone, dann auf Wirtschaftswegen bis zur nächsten Straßenbrücke nach **Hochberg**, der Radweg führt unter der Brücke hindurch und mündet in die Straße *Rainwiese* ein, die im Bogen durch ein Gewerbegebiet führt. Ufernah geht es ins **Neckarbiotop Zugwiesen –** ein Stichweg führt zum Fluss.

⓯ Weiter in einem Linksbogen ufernah zur **Schleuse Poppenweiler**, geradeaus weiter auf dem *Otto-Konz-Weg* zum Freibad Hoheneck, dann wieder am Fluss entlang zur Neckarbrücke nach **Neckarweihingen,** die Brücke unterqueren

8 nach der Brücke → links auf die *Gämsbergstraße,* in einem Bogen vor zur *Marbacher Straße* und auf dem straßenbegleitenden Radweg bis zu ihrer Einmündung in die *B 27*

9 auf Höhe der Schlossanlage den Bodenmarkierungen folgen und die *Marbacher Straße* queren → rechts auf dem Radweg zum Schlosshof von **Schloss Ludwigsburg**; vom Schlosspark aus erreicht man über die Fußgängerbrücke den **Favoritepark**

⓰ nach der Brücke durch die Parkanlagen am Wasser an **Ludwigsburg-Hoheneck** vorbei auf einer verkehrsarmen Straße zunächst am Neckar, dann am Kanal entlang zur Schleuse Marbach, wenig später schwenkt der Radweg weg vom Fluss

Blick von Poppenweiler auf den Neckar mit den Zugwiesen.

Triebstein
288
Spindelberg
Brachberg
278
Bracberger Tal
Hirschberg
Wanderheim
Dt. Fachwerkstraße
Lug
ehem. Kammgarnspinnerei
Enz
36
BIETIGHEIM
Siedlung Sand
15
Viadukt
Hart
282
Husarenhof
Bietig-heimer
Eberstein
251
Lusthaus
Forst
Kraut-schüssel
Pfützen
289
Galgenwegle
Großingersheim
BIETIGHEIM-BISSINGEN
211
Brandholz
253
WOHNGEBIET
GEISINGEN a. Neckar
Hambach
Hessigheim
Neckar
197
NSG
Salen
Bürgle
310
Holderweg
Kleiningersheim
264
Siegental
Kleiningersheimer Mühle
Ingersheim
21
210
Riedberg
Wert
187
20
Kallenberg
Talhof
NSG
186
23
Pleidelsheim
22
Pleidelsheim
14
Sonnenhof
Murr
Württemberger Weinstraße
Gemeindewald
19
205
Benningen am Neckar
Alte Burg
18
Hart
271
HÖPFIGHEIM
Mühlbach
Heerstraße
81
E41
207
Riedbach
200
240
280
300

17 vor der Bahnbrücke → rechts zur Fußgänger- und Radfahrerbrücke für einen Besuch von **Marbach**

Unter der Bahnbrücke hindurch über Wiesen und Felder nach **Benningen am Neckar,** der Radweg mündet im Ort in die *Marbacher Straße* ein, ihrem Verlauf bis zur Kreuzung *Ludwigsburger Straße* folgen

18 → rechts auf der *Ludwigsburger Straße* über den Neckar → links in die Straße *Krautlos*, die Straße macht einen Rechtsbogen um ein Gewerbegebiet herum und verläuft dann unterhalb der Weinberge entlang zur nächsten Neckarbrücke

19 → links über die Brücke, die Kanal und Altneckar überquert → links in die *Talstraße*, unter der Autobahnbrücke hindurch und in einem LInksbogen Richtung Geisingen

20 → rechts in die *Austraße* aus dem Ort, nur kurz führt der Weg zum Neckar, dann durch die Wiesen nach **Großingersheim**

21 An der Vorfahrtsstraße → rechts auf der *Pleidelsheimer Straße* über den Altneckar, Schleuse und Kanal nach **Pleidelsheim** → gleich links in die *Kanalstraße*, dem Rechtsborgen folgen zur *Bachgartenstraße*

22 → dort links und der *Bachgartenstraße* aus dem Ort folgen, zunächst parallel zur Kreisstraße, über die Felder zurück zum Neckar, weiter unterhalb eines Kies- und Schotterwerkes, dann der Weinberge

23 der Radweg schwenkt weg von der Kreisstraße, führt durch Felder zu einem Industriegebiet

Der Neckar bei Pleidelsheim.

❷❹ vor dem Gewerbegebiet → links, dann → rechts entlang des Neckars unterhalb von **Mundelsheim** die Neckarschleife ausfahren

❶⓿ Auf Höhe der Käsberghalle → rechts in die *Karl-Epple-Straße* → rechts in die *Hessigheimer Straße* → links in die *Hindenburgstraße*

❶❶ → links in die Straße *Im Grund*, im Linksbogen geradeaus durch die Weinberge bis zu einer Weggabelung, dort im spitzen Winkel zum

❶❷ Wanderparkplatz zur **Käsbergkanzel**

25 vor der **Schleuse Hessigheim** → rechts hoch zur Straße, an der T-Kreuzung *(Brückenstraße)* rechts und → links in die *Gartenstraße*, an der nächsten Kreuzung

26 → rechts in die *Besigheimer Straße*, auf dieser **Hessigheim** verlassen und vor zum **Weingut Eisele**

13 Beim Weingut Eisele bietet sich eine kurze Wanderung hinauf zu den **Felsengärten** an, dafür quert man die *Besigheimer Straße* und folgt der Straße *Am Felsengarten* in einem Linksbogen bergauf

27 → rechts am Weingut vorbei, zunächst weiter parallel zur *Besigheimer Straße*, dann zur **Fahrradbrücke** über den Neckar

28 noch vor der T-Kreuzung → rechts und in einem Linksbogen an Fischteichen vorbei zum Bootshafen Besigheim → rechts und weiter am Neckar entlang zum Sportgelände von Besigheim und zur Schiffsanlegestelle **Besigheim**

Für einen Besuch der **Altstadt von Besigheim**

29 nach der Schiffsanlegestelle → links in die *Robert-Bosch-Straße* und vor bis kurz vor die B 27 → links auf die Straße *Am Kies* → rechts durch die Unterführung, an der Weggabelung geradeaus vor zum Schochenturm im Südosten der **Altstadt von Besigheim**.

14 von der Enzbrücke in die Altstadt *(Hauptstraße)* den Schildern des **Enztal-Radwegs** bis zum Biergarten Rössle folgen

15 → rechts über die Enzbrücke in die **Altstadt von Bietigheim**

Besigheim.

Start

❶ **Start** in **Besigheim** an der **Schiffsanlegestelle Besigheim**, dem Radweg in einer Linkskurve zur *Robert-Bosch-Straße* folgen → links und im Linksborgen zur Unterführung der *Hessigheimer Straße*, danach → links und dem Radweg parallel zur *B 27* folgen: über die Enz und dann weiter Richtung Walheim, unter der *B 27* nach **Walheim** → links und auf den Radweg parallel zur *Besigheimer Straße*, in einem Rechtsbogen auf die *Hauptstraße*, dieser in einem Linksbogen durch den Ort folgen bis zur Bahnlinie, die Unterführung nehmen

❷ → rechts auf die *Heilbronner Straße*, unter der *B 27* hindurch und weiter auf der *Heilbronner Straße*, dann → nach rechts auf den Radweg bis zur Bahntrasse

❸ unter den Gleisen hindurch, kurz zwischen den Gleisen und dann am Neckar entlang nach **Kirchheim am Neckar**, beim Bahnhof vorbei auf die *Bahnhofstraße*

❹ nach der Bahnunterführung weiter auf der *Hauptstraße* ins Zentrum bis zur Gemeindeverwaltung

❺ → rechts in die *Starengasse*, an der Mauritiuskirche vorbei und erneut unter der Bahn hindurch → links in die *Kanalstraße* und am Fuß des Prallhangs die Neckarschleife ausfahren, bis sich der Radweg vom Ufer entfernt

❻ an der Weggabelung → rechts über die Felder bis kurz vor dem Neckar → links, dann rechts zum Ufer und am Wasser entlang zum Gelände des Lauffener Ruderclubs → nach dem Freibad → links in die *Otto-Konz-Straße*, links und → rechts auf die *Neckarstraße*, unter der Straßenbrücke hindurch und geradeaus durch **Lauffen am Neckar** bis zur T-Kreuzung

❼ → rechts in die *Seestraße* → rechts auf der Alten Neckarbrücke über den Neckar → an der Kreuzung links in die *Rathausstraße*

Für einen Besuch des linksseitigen Zentrums von **Lauffen am Neckar** der *Seestraße* im Linksbogen folgen und vor zur Regiswindiskirche

Von der *Rathausstraße* geht es links über die Neckarbrücke auf die Vogelinsel zum **Alten Rathaus** mit dem **Lauffener Burgmuseum**. In der Gegenrichtung führt die *Oberamtmeistraße* in die rechtsseitige **Altstadt von Lauffen**

❽ → rechts in die *Mühlbergstraße*, dann *Oskar-von-Miller-Straße*, von dieser zweigt auf Höhe des Zementwerks rechts ein Radweg ab, der nach dem Zementwerk auf die linke Seite wechselt und dann nach links zum Neckarufer wegschwenkt, entlang des Wassers der Flussschleife folgen

9 der Radweg verlässt kurzzeitig den Neckar und verläuft unterhalb der Weinberge und kehrt beim Beginn des Kanals zum Wasser zurück, am rechten Kanalufer entlang

10 beim Stauwehr die Kanalseite wechseln und am linken Ufer bis kurz vor dem Stauwehr

11 → scharf links zum **Klingenberger Steg**, den Neckar queren → nun rechts weiter am linken Neckarufer, parallel zur Bahnlinie, am Ende der Insel nach den Sportanlagen → rechts zurück zum Neckar, unter zwei Straßenbrücken hindurch und weiter bis zur nächsten Brücke, der **Erwin-Fuchs-Brücke**

12 Bei der **Erwin-Fuchs-Brücke** geradeaus weiter auf dem Uferweg an Heilbronn vorbei, unter der Bahnbrücke durch, zurück zum Wasser und entlang der linken Kanalseite Heilbronn verlassen, unter der Brücke der *B 39* hindurch, rechts an **Neckargartach** vorbei und dem Rechtsbogen des Neckar folgen, die Autobahnbrücke unterqueren

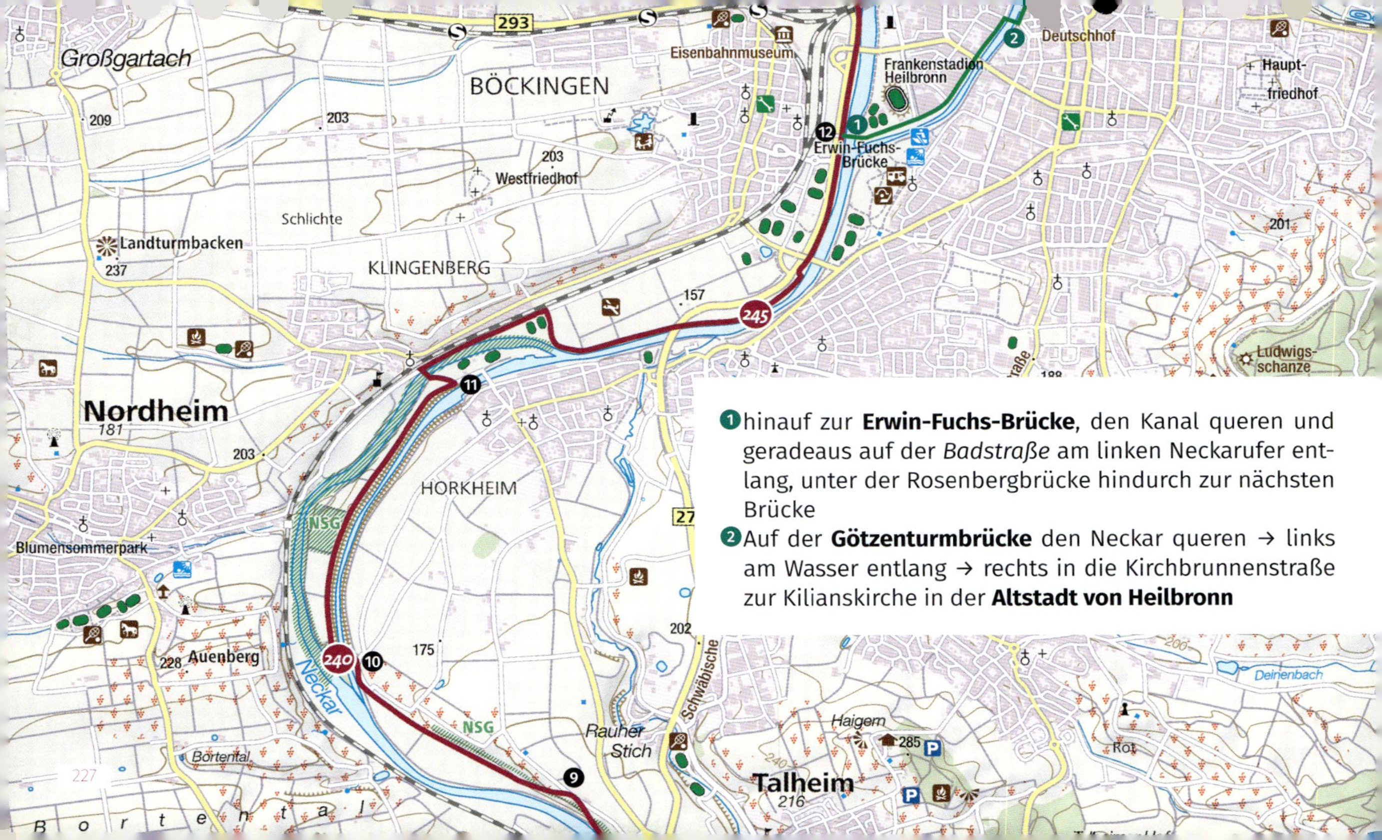

1 hinauf zur **Erwin-Fuchs-Brücke**, den Kanal queren und geradeaus auf der *Badstraße* am linken Neckarufer entlang, unter der Rosenbergbrücke hindurch zur nächsten Brücke

2 Auf der **Götzenturmbrücke** den Neckar queren → links am Wasser entlang → rechts in die Kirchbrunnenstraße zur Kilianskirche in der **Altstadt von Heilbronn**

13 auf der Wehrbrücke über den Neckar und links auf die **Neckarinsel**

3 auf der Wehrbrücke Neckar und Kanal queren, an der Kreuzung über die Ampelanlage die *L 1101* queren und → links der Straße (später *Gottlieb-Daimler-Straße*) bis zur übernächsten Kreuzung folgen

4 → rechts in die *Felix-Wankel-Straße* zur Unterführung, unter der Bahnbrücke hindurch

5 → rechts in die *Grabenstraße*, nach dem Linksbogen → rechts in die *Urbanstraße* zum **Deutschen Zweirad- und NSU-Museum in Neckarsulm**

6 an der **Schleuse Kochendorf** → rechts über den Kanal auf die *Berggraf-Bilfinger-Straße* bis zu den Schienen, den Wegweisern zum Eingang des **Besucherbergwerks Bad Friedrichshall** folgen

14 vor der Schleuse → links über eine kleine Fußgängerbrücke zurück ans linke Neckarufer und am Fluss entlang zur Bahnbrücke

15 → dort links halten und über die Felder nach **Bad Wimpfen im Tal**, am Ufer entlang nördlich an der Stadt vorbei, nach den Parkplätzen unter der Neckarbrücke hindurch zum **Schiffsanleger Bad Wimpfen/Ziel**.

7 Nach der Brücke rechts am Ruderhaus vorbei auf die Straße *Alte Steige* zum **Bahnhof Bad Wimpfen** und vor zur Vorfahrtsstraße, → links in die *Hauptstraße,* → rechts durch das Tor zum Löwenbrunnen in der **Altstadt von Bad Wimpfen**.

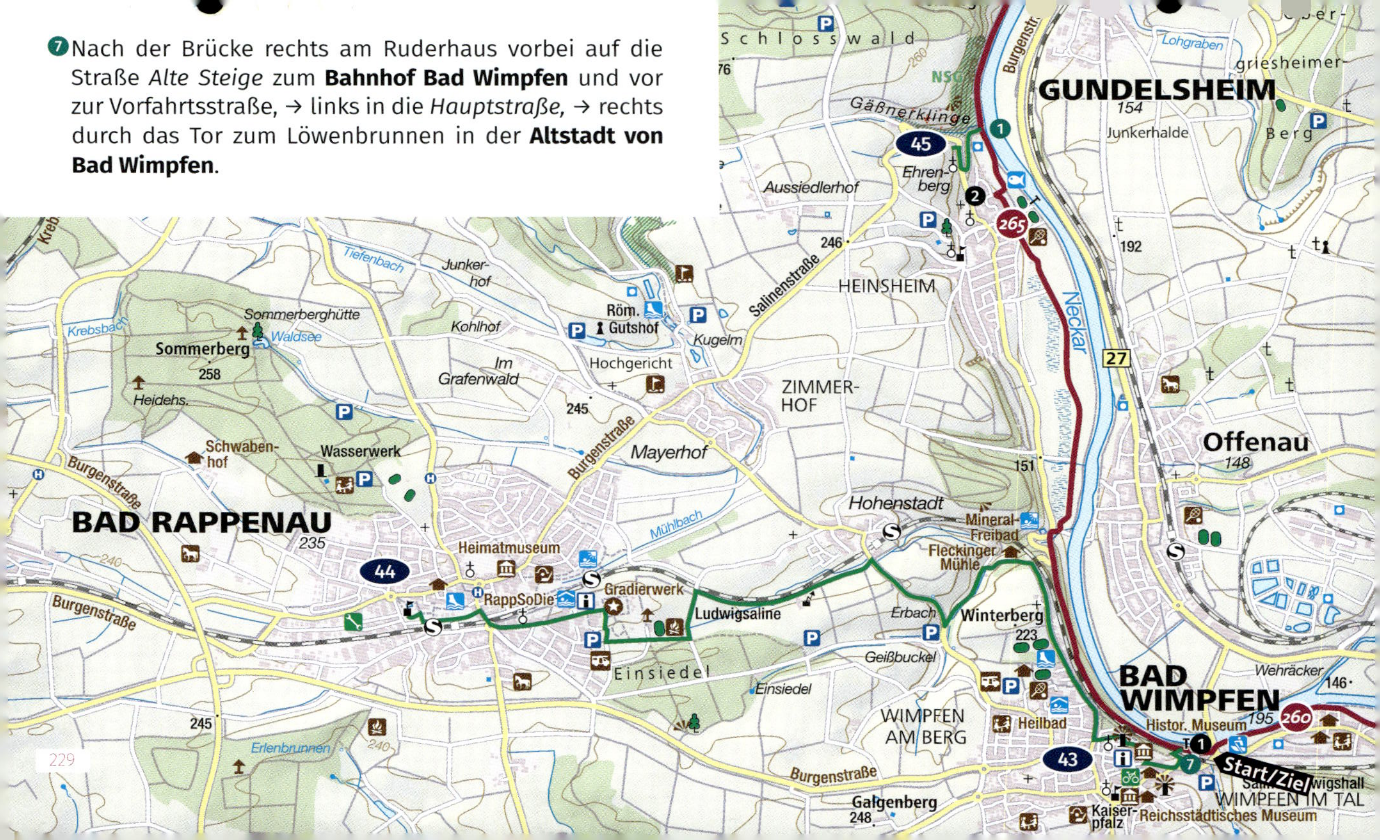

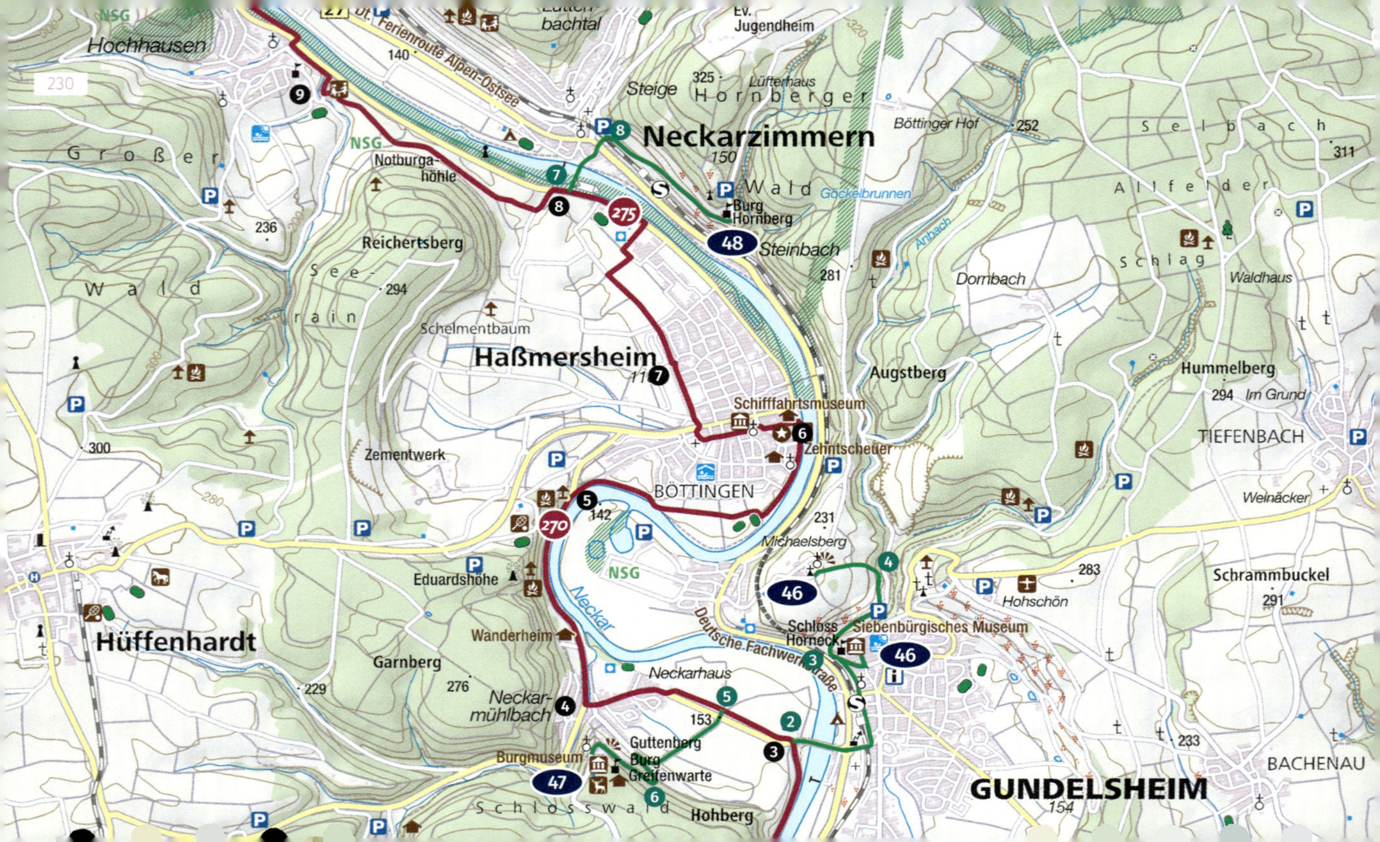
Hochhausen
Großer Wald
Notburgahöhle
Reichertsberg
Seerain
Schelmentbaum
Haßmersheim
Zementwerk
Hüffenhardt
Eduardshöhe
Garnberg
Wanderheim
Neckarmühlbach
Burgmuseum
Guttenberg
Burg
Greifenwarte
Schlosswald
Hohberg
Neckar
NSG
Böttingen
Schifffahrtsmuseum
Zehntscheuer
Michaelsberg
Neckarhaus
Deutsche Fachwerkstraße
Schloss Horneck
Siebenbürgisches Museum
Gundelsheim
Bachenau
Schrammbuckel
Hohschön
Weinäcker
Tiefenbach
Im Grund
Hummelberg
Augstberg
Dornbach
Waldhaus
Schlag
Allfelder
Selbach
Böttinger Hof
Anbach
Göckelbrunnen
Steinbach
Burg Hornberg
Hornberger Wald
Lüfterhaus
Steige
Neckarzimmern
Ev. Jugendheim
Ferienroute Alpen-Ostsee

Start

❶ **Start** an der **Schiffsanlegestelle Bad Wimpfen**, geradeaus weiter am Wasser entlang, am Freibad Bad Wimpfen vorbei und danach etwas vom Fluss entfernt über die Wiesen nach **Heinsheim**

❷ → bei den ersten Häusern halb rechts und an den Sportanlagen vorbei zurück zum Neckar, der Radweg mündet im Prallhang in die *L 528* ein

1 → links der *L 528* folgen, an der Weggabelung → scharf rechts hoch zur **Burg Ehrenberg**.

→ geradeaus weiter parallel zur *L 528* zur Schleuse Gundelsheim → schräg links zur T-Kreuzung in **Neckarmühlbach**

2 → rechts auf der *L 428* den Neckar queren und in **Gundelsheim** geradeaus auf der *Eisenbahnstraße*, über die Schienen → links und auf der *Eisenbahnstraße*, dann *Allmendweg* bis zur Einmündung in die *Neckarstraße*

3 → links und dann im Rechtsbogen auf der *Neckarstraße* und *Burghalde* bergauf

4 Nach den letzten Häusern auf der linken Seite → links in eine schmale Straße und dieser in einem Linksbogen zur **Michaelskapelle** folgen, auf gleichem Weg zurück zur *Neckarstraße*

3 auf der *Neckarstraße* bis zur Kreuzung *Schloßstraße* folgen → links in die *Schloßstraße* zum **Schloss Horneck**

❸ → links auf den nördlich der Heinsheimer Straße verlaufenden Radweg nach **Neckarmühlbach**

5 an der Kreuzung nach ca. 400 m → links über die Felder zur *Burgstraße*

6 → scharf links auf der *Burgstraße* zu **Burg Guttenberg**

❹ → im Ort an der T-Kreuzung → rechts in die *Bergstraße* und den Ort verlassen, geradeaus weiter der *L 588* auf dem straßenbegleitenden Radweg die **Böttinger Schleife** ausfahren.

❺ Wenn die L 588 weiter nach Norden führt → rechts auf dem geteerten Radweg weiter, bei den ersten Häusern von **Haßmersheim** → links weg vom *Uferweg* und über die Felder am Sportplatz vorbei, nach einer S-Kurve weiter am Ufer entlang (*Neckarstraße*) bis kurz vor dem Schiffsanleger

❻ → links in die *Mittlere Straße/Friedrichstraße* und vor dem Friedhof → rechts bis zur *Theodor-Heuss-Straße/*

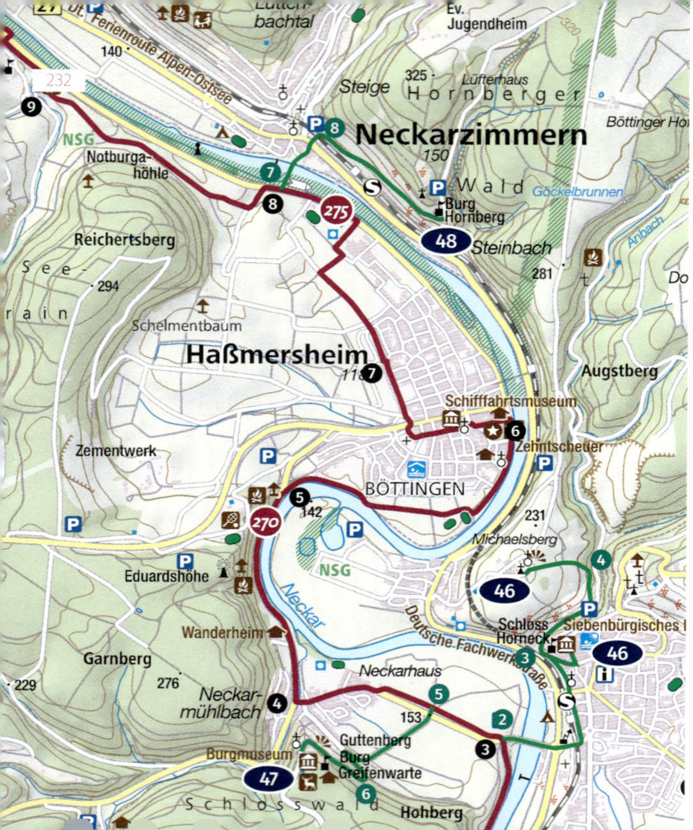

L 529 → die Straße queren und geradeaus weiter in den *Dreispitzweg*, an der Gabelung → rechts bis zum Beginn des Rechtsbogens

❼ → links in den Buchenweg und am Ortsende weiter geradeaus auf die Felder, an der Kreuzung → rechts, an der T-Kreuzung → links und gleich rechts vor zum Neckar (Landesstraße A) mit Blick zur Burg Hornberg →links bis zur **Schleuse Neckarzimmern**

⑦ die Landesstraße queren und über die Schleuse ans rechte Neckarufer in **Neckarzimmern**, am Wasser- und Schifffahrtsamt vorbei auf der *Neckarstraße* vor zur Bundesstraße, → rechts und gleich

⑧ → links in den *Hornberger Weg*, durch die Weinberge zur **Burg Hornberg**

❽ nach der Schleuse → links in die kleine *Haßmersheimer Straße*, dann rechts und durch Wiesen und Felder Richtung **Hochhausen**

❾ nach dem Haus und der Linkskurve → rechts in den *Schützenweg* zurück zur *Hochhäuser Straße/L 588* und links der *L 588* zum Ortseingang von **Hochhausen**, vor

Ein stolzer Adler aus der Falknerei auf Burg Guttenberg.

Binau
153
Ruine Dauchstein
Neckarhalden
Neckar
Burgenstraße
Siedlung
Forst
NÜSTENBACH
WALDSTADT
Schreckhof
NSG
Henschelberg
288
Abenteuergolf
Obrigheim
147
AKW
(stillgelegt)
138
136
Heimatmuseum
DIEDESHEIM
Hamberg
Bismarckturm
Hammerweg
faMos
Luther-
haus
Stadtmuseum
MOSBACH
156
347
Hardthof
Deutsche Fachwerkstraße
Mörtelstein
Wetschberg
Brückleswald
324
303
Kirstetterhof
Schloss
Neuburg
Karlsberg
Finkenhof
357
Alter
Waldsteige
Gemeindewald
NECKARELZ
296
37
27
292
285
280
49
4
9
10
11

Schloss Neuburg südlich von Obrigheim.

der Notburga-Kirche wechselt der Radweg auf die andere Straßenseite, am Fluss entlang, unter der *B 292* hindurch zum Gewerbegebiet und weiter auf der ruhigen Neckarstraße links vom Gewerbegebiet nach **Obrigheim**, unter der Neckarbrücke hindurch und dem Radweg bis zur nächsten Abzweigung folgen

9 → links die Auffahrt zur Hauptstraße nehmen → rechts über die Neckarbrücke und bei erster Gelegenheit rechts die Brücke verlassen und zurück zum Fluss (Herrenweg)

10 → rechts der Jahnstraße, dann der Alten Brückenstraße folgen, diese macht einen Bogen zur Bundesstraße, unter dieser weiter und nach wenigen Metern links zum Radweg Odenwald-Madonnen-Radweg, der entlang der Elz nach Mosbach führt

11 Nach der Bahnbrücke führt der Radweg unter der Radbrücke hindurch, danach rechts auf die Rampe zur Radbrücke, die B 27 queren und den Wegweisern in die **Altstadt von Mosbach** folgen

10 → links, dann rechts und der Beschilderung zum Klärwerk folgen, dort → links, rechts und nördlich am Kraftwerk Obrigheim vorbei zum Neckarufer und die **Binauer Neckarschleife** ausfahren.

Ruine Stolzeneck
Heiligkreuzkirchlein
Stolzeneck
Krösselbach
Krösselbachbrunnen
Zentwald
Schwanheim
Lindach
Neckar
Wanderheim
Zwingenberger Hof
Burg Zwingenberg
Wildererseiche
Wolfsschlucht
Wilhelm-u. Maximiliansch
Zwingenberg
148
Karl-Friedrichshain
Krieg-
wald
Finkenbrunnen
Kellersbrunnen
Im Sohl
Odenwald
Hoh-
wald
Lauerskreuz
Läufertsmühle
Knoos
Burgenstraße
Seebach
Weisbach
Neckargerach
137
REICHENBUCH
Schlossberg
Ruine Minneburg
Minneburger Ziegelei
Leidenharterhof
Neunkirchen
Jungholzbrunnen
Buchwald
Großer Wald
Heimatmuseum
Mittelberg
Guttenbach
Neckarkatzenbach
Oberschwarzach
Hoher Markstein
Kalkofen
Krebsberg
Schwarzach
Staustufe Guttenbach
Neckarhalden
Margarethenschlucht
Eisenbusch
Binauer
Forst
NSG

Vor Guttenbach mündet der Radweg in die *Mörtelsteiner Straße* ein und vor zum Ortszentrum von **Guttenbach**

⓫ nach der Freiwilligen Feuerwehr an der Kreuzung geradeaus in die *Neckargeracher Straße* und auf dieser bis zum Ortsende, unter der Straßenbrücke hindurch

⑫ nach der Brücke geradeaus weiter auf der *Neckargeracher Straße*, → links in die Straße *Ziegeleihütte*, an einer Weggabelung → rechts, im Wald → rechts zur **Minneburg**

⓬ → links und in einem Linksbogen auf die Straßenbrücke (Minneburg-Brücke) über den Neckar und die *B 37* und geradeaus weiter auf die *Hauptstraße*, dem Verlauf der *Hauptstraße* durch **Neckargerach** bis zur *B 37* folgen

Wanderung in die Margarethenschlucht

⑬ auf der *Hauptstraße* bis zur Evangelischen Kirche, hinter dieser → rechts in die *Bahnhofstraße*, im Rechtsbogen geradeaus durch die Unterführung → rechts auf die L 527 und gleich wieder → rechts auf den abzweigenden Weg

⑭ beim rechts liegenden Bahnhof vorbei parallel zur Bahntrasse zum Eingang der **Margarethenschlucht**

⓭ → rechts auf die Straße *Im Kohlstatterfeld* und in einem Bogen auf die **Neckarbrücke Zwingenberg** und geradeaus weiter auf der Straße *Im Hoffeld*, die Straße macht einen Linksbogen

⑮ → rechts auf die Straße *Im Kohlstatterfeld* bis kurz nach der Brücke, in einer Spitzkehre links vor zur *Bahnhofstraße*, → rechts die Unterführung nehmen und → links zur *Schloßstraße*

⑯ → links in die *Schloßstraße* zum **Schloss Zwingenberg**

⓮ → rechts ab in die Straße *Im Hoffeld* zum Naturfreundehaus, weiter auf unbefestigtem Weg am Neckar entlang bis zur **Keramikwerkstatt Krösselbach**

⓯ weiter am Fluss entlang, an der **Schleuse Rockenau** und dem Seniorenstift Eberbach (links) vorbei bis zur Einmündung des Radwegs in die *Rockenauer Straße*

⓰ auf der *Rockenauer Straße* an **Rockenau** vorbei bis zur **Neckarbrücke/Ziel** in **Eberbach**.

Über die Brücke erreicht man die **Altstadt von Eberbach.**

EBERBACH
am Neckar
HIRSCHHORN
(Neckar)
126
Ohrsberg
Ohrsberg-
turm
367
Ruine Eberbach
54
391
Waldklassenzimmer
Langer
474
Wald
Tannenkopf
364
Gammelsbachtal
Felsenquelle
Böser
Berg
IGELSBACH
Hoppehütte
Steinerner
Tisch
Greten-
grund
Neckar
Holdergrund
Scheuerberg
378
Neckarblick
305
Heilkräuter-
garten
Ottohöhe
NECKAR-
WIMMERSBACH
Start/Ziel
Burgenstraße
Marien-
höhe
Teufels-
kanzel
NSG
ROCKENAU
PLEUTERSBACH
349
240
Ersheimer
Kap.
Feuerberg
341
ERSHEIM
55
Langbein-
Museum
154
315
Bubenbrunnen
37
310
Oberer
Burgenstraße
Neckarberg
409
Kolben
177
Teufelsbrunnen
519
Jagdhaus
Hebert
Auberg
131
16
Großer
Heiserberg
388
Kolben-
äcker
368
Unterer
Moosbrunn
Allemühl
Ruine
Stolzeneck
53
Heiligkreuzkirchlein
300

Malerische Altstadt von Hirschhorn.

Start

❶ **Start** in **Neckar-Wimmersbach** bei der Neckarbrücke nach Eberbach, unter der Brücke hindurch zum Campingplatz, links an den Sportanlagen vorbei vor zur *Pleutersbacher Straße* → rechts zum Neckar und an **Pleutersbach** vorbei

❷ → rechts in die *Ersheimer Straße* und geradeaus weiter am Fluss entlang die Rechtsschleife ausfahrend nach Ersheim, zunächst geteert, dann weiter auf einem Kiesweg, leicht ansteigend oberhalb der Tunnelöffnung der *B 45* durch den Wald und zurück zum Ufer zu den ersten Häusern von **Ersheim**

❸ auf der *Ersheimer Straße* rund um das Dorf der Flussschlinge folgen bis zur Neckarbrücke nach **Hirschhorn**

Für einen Besuch von **Hirschhorn** und **Schloss Hirschhorn** die Brücke queren und links halten.

Unter der Brücke hindurch und weiter auf der *Brentanostraße*, auf dieser den Ort verlassen, unter der Straßenbrücke *(B 45)* hindurch und die nächsten 2,5 km auf unbefestigtem Weg bis zur Neckarfähre in **Neckarhäuserhof**

❹ ab der **Fähre** weiter auf dem Radweg, diese mündet in die Kreisstraße, an dieser kurz folgen, bis → rechts ein Schotterweg abzweigt

❶ → auf der Kreisstraße hinauf nach **Mückenloch** (*Neckarhäuserstraße)*

❷ → scharf rechts in die *Talstraße*, dann *Mückenlocher Straße (K 4101)* nach **Dilsberg**

❸ → rechts in die Straße *An der Steige* weiter ansteigend zur **Burgfeste Dilsberg**

❺ Auf dem Radweg zur Schleuse Neckarsteinach – hier links nach **Neckarsteinach** und zum **Burgenweg**

❻ Bei der Schleuse weiter geradeaus zum Campingplatz → links, an der Weggabelung → rechts und über die Felder in einem Bogen zurück zum Fluss bis zur Einmündung des Radwegs in die Ortsstraße von **Rainbach** → rechts auf die Ortsstraße, weiter auf der *Dilsberger Straße* ufernah Richtung Neckargemünd

❼ Vor der Eisenbahnbrücke nach rechts auf den Radweg, unter der Brücke hindurch und am Wasser entlang bis zur Kirche St. Ulrich in **Neckargemünd**, nach der Kirche → links in die *Schiffgasse* bis zur *Hauptstraße*

4 → links in die *Hauptstraße*, am *Marktplatz* vorbei, durch das Stadttor und auf der *Wiesenbacher Straße* geradeaus weiter zur Kreuzung

5 →links in die *Hollmuthstraße*, nach einem Einzelhaus rechts zu Fuß hoch zur **Burg Reichenstein**

8 → rechts in die *Hauptstraße* und auf der Brücke über die Elsenz → gleich rechts in den *Elsenzweg* zum Parkplatz an der Friedensbrücke → unter der Bahnbrücke hindurch, danach → links und → rechts in die *Falltorstraße*, am Campingplatzgelände entlang, am Ende schwenkt der Radweg nach rechts

9 am Ende → links in die Straße *Ziegelhütte*, die *B 37* queren und geradeaus weiter auf der Straße *Melacpass*, durch die Bahnunterführung und

10 → rechts in die *Kümmelbachstraße*, die am Ortsende in einen Schotterweg übergeht, an einer T-Kreuzung (rechts eine Unterführung) → links und parallel zur Bahntrasse, nach dem Bahngebäude in den Wald, an einem Wanderparkplatz vorbei und zurück zur Bahntrasse, dieser bis zum Ortseingang von **Heidelberg** folgen zur S-Bahnstation Heidelberg Orthopädie (links liegt das weitläufige Gelände des Universitätsklinikums Heidelberg).

11 vor der Unterführung (rechter Hand) → links in die *Maria-Zimmermann-Straße*, weiter entlang der Bahn, nun auf der *Gutleuthofstraße*, dann *In der Aue* zum Bahnübergang

Hier kann man über die Ziegelhäuser Brücke ans linke Neckarufer nach **Heidelberg-Ziegelhausen** mit der **Benediktinerabtei Stift Neuburg** wechseln.

12 Die Straße *In der Aue* macht einen Linksbogen, hier → rechts in den *Hermann-Löns-Weg* und diesem bis zur Bahnunterführung folgen → rechts unter den Gleisen hindurch und nach links in die Schlierenbacher Land-

straße → links, die Straße queren und auf der rechten Seite dem Radweg zwischen Straße und Fluss Richtung Heidelberg folgen, die **Schleuse Heidelberg** passieren (hier kann man den Neckar queren), weiter zur **Alten Brücke** in **Heidelberg**; links geht es in die Altstadt.

Anfahrt auf Heidelberg.

Dossenheim
Schwabenheim
Waldgewann
OEG-Bahnhof
Hohe Nistler
496
Geotop
Hirschquelle
Badische Weinstraße
Bergstraße
Forst
345
NSG
Edinger Hof
Edingen-Neckarhausen
Oberfeld
Unterfeld
Auerstein
Buchbrunnen
HANDSCHUHSHEIM
108
Fennenbergerhöfe
243
Einsiedlerbrunnen
Holdermannseiche
3
WIEBLINGEN
E35
Landschadhöfe
5
16
Schanzenreste
Zollstock
Treiberhof
Heiligenberg
440
Ruine Michaelsbasilika
Thingstätte
Schwedenschanze
109
656
ehem. Stephanskloster
NSG Geotop
Burgenstraße
Neckar
NEUENHEIM
107
37
Kreuz Heidelberg
Museum der Zoologischen Fakultät
Dt. Rugbysportmuseum
Universität
Marienhof
Hessenhöfe
Mittelfeld
15
14
Philosophenweg
12
13
Carl-Bosch-Mus.
Theodor-Heuss-Brücke
6
Völkerkunde Museum
Rindenhäusle
Heidelberg-Wieblingen
340
Thermalbad
Kurpfälz. Mus.
7
10
EPPELHEIM
106
110
Körperwelten Museum
8
59
9
Molkenkur
61
HEIDELBERG
11
Königstuhl
Hasenmuseum im Wasserturm
Hbf.
Gaisbergturm
Schloss Heidelberg
Bergbahn Heidelberg
BAHNSTADT
Gaisberg
Vulpiushütte
Arboretum I
Landessternwarte
109

❻ Von der Alten Brücke aus → links in die *Steingasse* bis zur Heiliggeistkirche, diese umrunden und weiter geradeaus auf der *Krämergasse* bis kurz vor die *Zwingerstraße*

❼ → links und dann → rechts in die *Bremeneckgasse*

❽ → links in die *Neue Schloßstraße* abbiegen und ihrem Verlauf Richtung Schloss folgen – geradeaus geht es zum Schloss Heidelberg

❾ dann rechts in die Straße *Schloß Wolfsbrunnenweg*, die Bahn auf einer Straßenbrücke queren

❿ → rechts in den *Molkenkurweg* und in Serpentinen bis zur **Bahnstation Molkenkur**, am Ende des Wegs

⓫ rechts in den *Gaiberger Weg* durch eine Rechtskurve folgen, am Parkplatz Blockhaus → links in den *Kohlhöferweg* und weiter geradeaus durch den Wald. Wenn der Weg eine scharfe Linkskurve macht, dieser folgen und auf dem *Chaisenweg* zu einem weiteren Parkplatz, links in den *Turmweg* zum **Aussichtspunkt Königstuhl**.

⓬ Unter der **Alten Brücke** hindurch, nach dem Schiffsanleger die *B 37* an der Ampelanlage queren, rechts, gleich links in die Straße *Neckarstaden* → gleich rechts in die *Lauerstraße*, am Ende → rechts, links auf den Radweg und links der Bundesstraße am eindrucksvollen Zeughaus vorbei

⓭ → links in die *Schiffgasse* → rechts in die *Untere Neckarstraße* und auf dieser bis zum *Jubiläumsplatz*, danach → rechts und → links in die Straße *Neckarstaden*, diese bis zum Mittelstreifen queren → links bis zur **Neckarbrücke** und auf dieser den Fluss queren → rechts in die *Brückenkopfstraße* → rechts in die *Uferstraße* und unter der Brücke hindurch

⓮ nach der Brücke leicht linkshaltend und auf dem Radweg rechts der Neckarwiesen bis zur nächsten Brücke, diese unterqueren und am Wasser entlang bis zum Haus am Wehrsteg, dem Wegweiser Richtung Ladenburg folgen, der Radweg macht einen Rechtsbogen weg vom Fluss zum Tiergarten, der Radweg mündet in die *Tiergartenstraße* ein, links um das Unigebäude herum,

⓯ v → links in die *Tiergartenstraße*, am Eingang des Heidelberger Zoos vorbei, rechts an den Sportstätten und dem Tiergartenbad vorbei bis zu einer Kreuzung

⓰ die Kreuzung queren und geradeaus auf einer Wohnstraße bis zum Klärwerk, das der Radweg in einem Linksbogen umrundet, weiter geradeaus zu einer T-Kreuzung → links unter der Autobahnbrücke hindurch, der Radweg

Hirschberg
a.d. Bergstraße
LEUTERSHAUSEN
Im Schwanenstein
Neuweg
Badische Weinstraße
SCHRIESHEIM
121
LADENBURG
106
102
Ladenburg
Unterfeld
Mittel-feld
Altwasser-feld
Römerstraße
Galgbrunnen
Automuseum
Neu-Zeilsheim
Dr. Carl Benz Haus
Lobdengau-Museum
Neckarplatten
NSG
Neckarhausen
101
-Neckarhausen
Weiherhof
Edingen-Nord
Edingen-
Neu-Edingen
Mannheim-Friedrichsfeld
Burgenstraße
Neckar
Reithalle
104
Römerstein
Oberfeld
Rombach
Neubotzheim
Rosenhof
Leimhütte
Sternwarte
Schlittweg
109
Dossenheim
E35
Ruine Strahlenburg
Branichtunnel
Besucherbergwerk Anna Elisabeth
Stamberg
Zins
398
Ruine Hirschburg
Hohe Waid
455
Birkenbrunnen
Eselsbrunnen
Ölberg
450
424
Ruine Schauenburg
Dossenheim
Klause
Bärenstein
OEG-Bahnhof

macht einen Rechtsbogen → links, an der Weggabelung erneut links und vor zum Neckar, dem Fluss folgen, vorbei an der Schleuse Schwabenheim, den Ort **Schwabenheim** am Ufer entlang passieren und zwischen Feldern und Neckarauen bis zum Freibad Ladenburg und zur **Fähre Ladenburg – Neckarhausen**

12 mit der Fähre übersetzen und geradeaus vor zum **Schloss Neckarhausen**

17 → rechts in die *Neckarstraße*, am Freibad vorbei und dem Linksbogen der Straße folgen

13 nach dem Linksbogen → rechts entlang der Wohnhäuser, über den Kanzelbach und links an den Tennisplätzen vorbei zur *Heidelberger Straße*, → rechts, dann gleich

14 → links und und geradeaus über die Felder bis zur *Schriesheimer Straße*

15 → rechts in die *Schriesheimer Straße*, die Autobahn überqueren und auf der *Ladenburger Straße* bis zur *B 3*, die Straße an der Ampel überqueren und geradeaus weiter auf der *Römerstraße* bis zur T-Kreuzung

16 → links in die *Bismarckstraße* → an der zweiten Kreuzung rechts in die *Talstraße* bis zur großen Kreuzung

17 → links in die Straße *Schmale Seite*, nach dem Rechtsbogen → rechts in den *Burgweg* zur **Strahlenburg**

Weiter geradeaus auf der *Neckarstraße* an den Neckarwiesen von **Ladenburg** entlang zum Wasserturm Ladenburg, danach

18 → links zum Neckarufer und am Fluss entlang bis zur Bahnbrücke, links hoch zur Brücke und den Neckar queren, die Bahnbrücke verlassen und diese unterqueren, rechts von der Hauptstraße der Parallelstraße *Seckenheimer Straße* stadtauswärts bis zum Ortsende folgen

19 geradeaus weiter und in einem Linksbogen zur Ortschaft **Neckarplatten**, links an den Häusern vorbei zum Neckarufer und der Neckarschleife zur Neckarbrücke von **Seckenheim** folgen, diese unterqueren und auf dem Radweg zwischen Häusern und Neckarwiese Seckenheim verlassen und über die Felder zur **Autobahnbrücke**

20 → links, die Autobahnbrücke unterqueren und geradeaus weiter auf dem Radweg parallel zur Bahntrasse am Neckar entlang, unter der Straßenbrücke hindurch und weiter am Neckar entlang zur Bahnbrücke, dieser unterqueren und weiter am Neckar entlang am Luisenpark

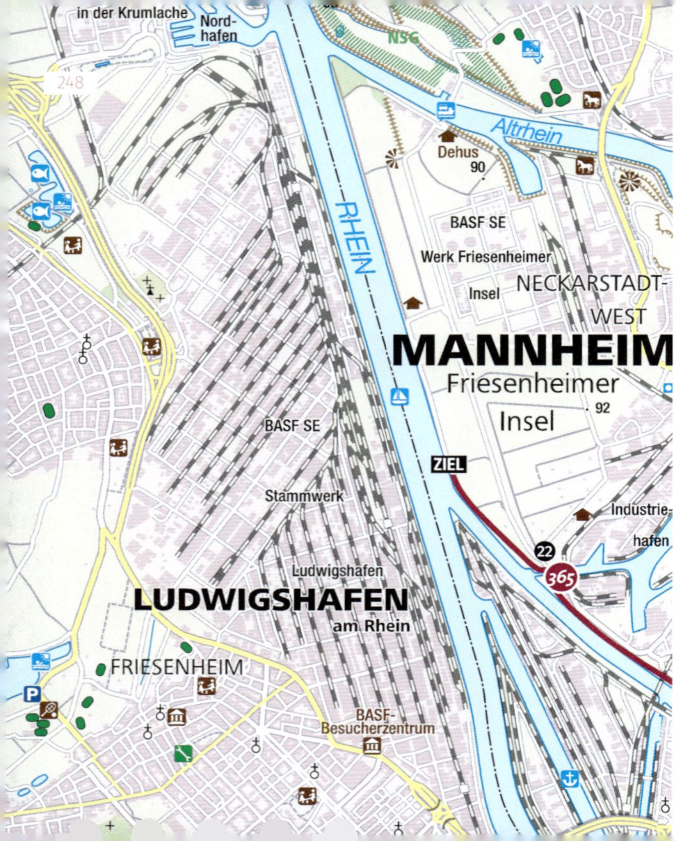

vorbei, dann auf dem Neckardamm bis zur **Friedrich-Ebert-Brücke** in **Mannheim.**

18 an der **Friedrich-Ebert-Brücke** hoch zur Rampe → links am Krankenhaus und Park vorbei

19 in der Rechtskurve → links in die *Berliner Straße* zum Wasserturm

20 geradeaus weiter auf der *Tattersallstraße* bis zum *Bahnhofsvorplatz*
Vom Bahnhof ist der Weg zum **Schloss** ausgeschildert

21 unter der Brücke durch und gleich danach unter dem Collini-Steg hindurch zur **Kurpfalzbrücke**, auf dieser den Neckar queren in einem Rechtsbogen unter der Brücke hindurch und entlang der Neckarwiesen (können bei Hochwasser überflutet sein), unter der nächsten Straßen-, dann Bahnbrücke hindurch, hoch zur Straße und entlang der *Inselstraße* zur **Kammerschleuse** → rechts und die Hafenschleuse queren

22 → links und am Neckarufer entlang zur **Neckarmündung** mit Blick auf den **Neckarspitz/Ziel.**

Bei Hochwasser:
Nach Überqueren der Kurpfalzbrücke → links die Brückenstraße queren und auf dem Radweg neben der Dammstraße, später Bunsenstraße zur Inselstraße fahren.

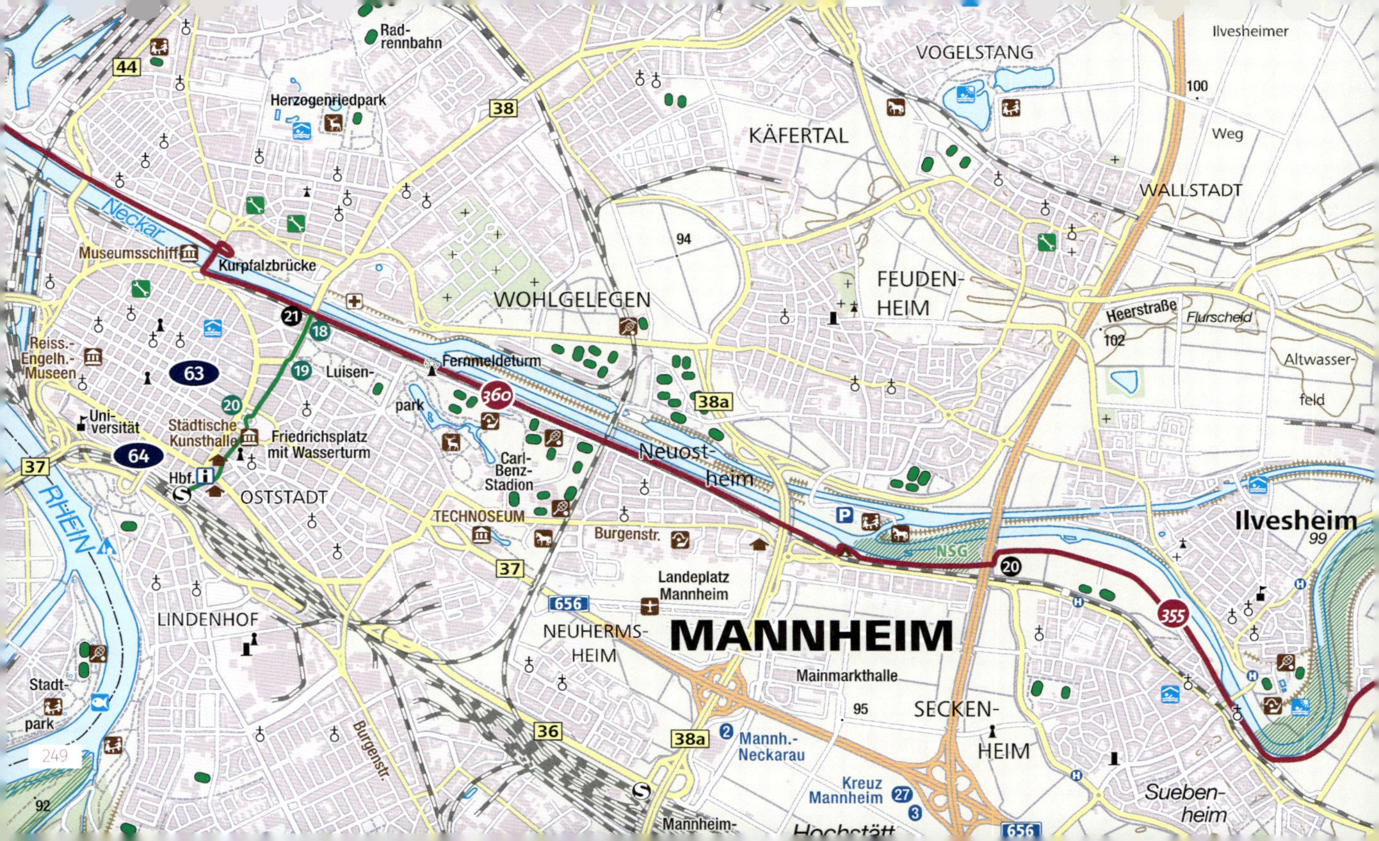
MANNHEIM
Neckar
RHEIN
Kurpfalzbrücke
Museumsschiff
Reiss.-Engelh.-Museen
Uni-versität
Städtische Kunsthalle
Friedrichsplatz mit Wasserturm
Hbf.
OSTSTADT
LINDENHOF
Stadt-park
Luisen-park
Fernmeldeturm
Carl-Benz-Stadion
TECHNOSEUM
Burgenstr.
Landeplatz Mannheim
NEUHERMS-HEIM
Neuost-heim
WOHLGELEGEN
KÄFERTAL
VOGELSTANG
WALLSTADT
FEUDEN-HEIM
Herzogenriedpark
Rad-rennbahn
Heerstraße
Flurscheid
Altwasser-feld
Ilvesheimer Weg
Ilvesheim
NSG
SECKEN-HEIM
Mainmarkthalle
Suebenheim
Mannh.-Neckarau
Kreuz Mannheim
Mannheim-
Hochstätt
44
38
38a
37
36
656
63
64
360
355
18
19
20
21
2
27
3
94
95
99
100
102
92

IMPRESSUM

1. Auflage 2022 Verlagsnummer 6927 ISBN 978-3-99121-326-0

Text: Raphaela Moczynski

Titelbild: Heidelberg mit Blick auf den Neckar (© Werner – stock.adobe.com)

S. 4–5: © Chiemseherin – Pixabay
S. 6–7 oben: © Wirtschaft und Tourismus Villingen-Schwenningen GmbH/Martin Kopf
S. 6–7 unten: © Manuel Schönfeld – stock.adobe.com
S. 8–9 oben: © cityfoto24 – stock.adobe.com
S. 8–9 unten: © Manuel Schönfeld – stock.adobe.com
S. 10–11 oben: © Franz – stock.adobe.com
S. 10–11 unten: © Ralph Thomas Kühnle – www.pixelio.de
S. 12–13 oben: © David Brown – stock.adobe.com
S. 12–13 unten: © blende11.photo – stock.adobe.com
S. 14–15: © Iryna Budanova – stock.adobe.com
S. 16–17: © Iryna Budanova – stock.adobe.com
S. 18–19: © rustamank – stock.adobe.com
S. 20–21: © dusanpetkovic1 – stock.adobe.com
S. 22–23: © Diamant Fahrradwerke GmbH
S. 24–25: © Pawel Michalowski – stock.adobe.com
S. 28–29: © Wirtschaft und Tourismus Villingen-Schwenningen GmbH/Martin Kopf
S. 30: © Wirtschaft und Tourismus Villingen-Schwenningen GmbH
S. 32: © Wirtschaft und Tourismus Villingen-Schwenningen GmbH/Hagen
S. 38: © PhotoArt Thomas Klee – stock.adobe.com
S. 40: © Babs Müller – Pixabay
S. 42 oben: © C. Schüßler – stock.adobe.com
S. 42 unten: © Annika – stock.adobe.com
S. 43: © song about summer – stock.adobe.com
S. 44–45: © CHROMORANGE – stock.adobe.com
S. 46–47: © Markus Zeller – stock.adobe.com
S. 48–49: © obert Schneider – stock.adobe.com
S. 50–51: © Charly Kuball/Stadt Sulz am Neckar
S. 52 und 53: © Rainer Sturm – www.pixelio.de
S. 54–55: © Erwin Reiter/KMZ Schloss Glatt
S. 56: © Sina Ettmer – stock.adobe.com
S. 57: © EKH-Pictures – stock.adobe.com
S. 58–59: © cityfoto24 – stock.adobe.com
S. 60–61: © turtles2 – stock.adobe.com
S. 62–63: © Thomas Rathay
S. 64–65: © ©P.S.DES!GN – stock.adobe.com
S. 65 oben: © Ingo Jakube – Pixabay
S. 66: © Th. G – Pixabay
S. 67 oben: © JCG – stock.adobe.com
S. 67 unten und S. 72 oben: © Barbara Honner/Verkehrsverein Tübingen
S. 68 unten: © Th. G – Pixabay
S. 70: © Catkin – Pixabay
S. 72–73: © Sina Ettmer – stock.adobe.com
S. 74 und S. 75: © Stadt Reutlingen
S. 76 beide: Stadt Nürtingen
S. 78–79: © Jürgen Fälchle – stock.adobe.com
S. 80: © Peter Wolf – Pixabay
S. 81: © Sina Ettmer – stock.adobe.com
S. 82: © Jan – stock.adobe.com
S. 83 oben: © fmb – stock.adobe.com
S. 83 unten: © Fabian Müller/Stadt Plochingen
S. 84: © Bildergalerie Attila/Stadt Plochingen
S. 85: © Achim Mende/Stadt Plochingen
S. 86–87: © fmb – stock.adobe.com
S. 88–89: © Manuel Schönfeld – stock.adobe.com
S. 90: © borisb17 – stock.adobe.com
S. 91: © Klaus-Peter Huschka – Pixabay

S. 92–93: © Manuel Schönfeld – stock.adobe.com
S. 94: © Stuttgart Marketing GmbH/Werner Dietrich
S. 96: © PaulaPaulsen – Pixabay
S. 99: © Stuttgart-Marketing GmbH/Julian Herzog
S. 100: © Portraitor – Pixabay
S. 100: © LouPe – www.pixelio.de
S. 103: © Manuel Schönfeld – stock.adobe.com
S. 104 oben: © mariuswilli – stock.adobe.com
S. 104–105: © Marla66 – Pixabay
S. 106: © Th. G – Pixabay
S. 107: © Erich Westendarp – Pixabay
S. 108 oben und S. 109 oben: © Th. G – Pixabay
S. 108–109: © Sina Ettmer – stock.adobe.com
S. 112: © Sina Ettmer – stock.adobe.com
S. 114: © Gemeinde Hessigheim
S. 115: © Th. G – Pixabay
S. 116–120: © Achim Mende
S. 121: © Marktwirtschaft Besigheim (www.marktwirtschaft-besigheim.de)
S. 122–123: © Ralph-Thomas Kühnle – www.pixelio.de
S. 124–125: © Fotolyse – stock.adobe.com
S. 127: © Wolfgang Wehl – www.pixelio.de
S. 128 und S. 130: © experimenta gGmbH Heilbronn
S. 131: © Erich Westendarp – Pixabay
S. 130–133: © Timo haberl – stock.adobe.com
S. 133: © Photoguides/M. Schöbel/Stadt Bad Wimpfen
S. 134–135 oben: © Stadt Bad Wimpfen
S. 134 unten: © holi – Pixabay
S. 136: © Barbara Fröhlich/Stadt Bad Wimpfen
S. 137: © Walter Kärcher – Pixabay
S. 138–139: © David Brown – stock.adobe.com
S. 140: © Ralph-Thomas Kühnle – www.pixelio.de
S. 141: © kraichgaufoto – stock.adobe.com
S. 142: © Ralph-Thomas Kühnle – www.pixelio.de
S. 144: © David Brown – stock.adobe.com
S. 145: © together-magazine – Pixabay
S. 146–147: © Ralph-Thomas Kühnle – www.pixelio.de
S. 148: © Th. G – Pixabay
S. 149: © kraichgaufoto – stock.adobe.com
S. 150: © Eberhard – stock.adobe.com
S. 151: ©EKH-Pictures – stock.adobe.com
S. 152: © Bernhard Pollmann
S. 153: © kraichgaufoto – stock.adobe.com
S. 154: © Stadt Eberbach
S. 155: © Andreas Held/Stadt Eberbach
S. 156–157: © Thomas Kottal– stock.adobe.com
S. 158–159: © blende11.photo – stock.adobe.com
S. 160–161 und S. 163: ©mojolo – stock.adobe.com
S. 164–165: ©Cengiz – stock.adobe.com
S. 166–167 Stadt Neckarsteinach
S. 167 unten: © Th. G – Pixabay
S. 168–169: © Th. G – Pixabay
S. 168 unten: © Wolfgang Machalke – Pixabay
S. 170: © Chris Schweiger – Pixabay
S. 172: © Herm – Pixabay
S. 173 oben: © ChiemSeherin – Pixabay
S. 173 unten: © David Mark – Pixabay
S. 174: © Cann Carter – Pixabay
S. 175: © fnendzig – stock.adobe.com
S. 176: © Lapping – Pixabay
S. 177: © Automuseum Dr. Carl Benz
S. 178–179: © Hans-Martin Fabritz – Pixabay
S. 182–183: © Stadtmarketing Mannheim GmbH/Achim Mende
S. 183 unten: © Technoseum/ Klaus Luginsland
S. 184: © Niko Endres – stock.adobe.com

IMPRESSUM

S. 193: © Geschäftsstelle Neckartal-Radweg/Adrian Weng
S. 203: © Barbara Honner/Verkehrsverein Tübingen
S. 205: © Stadt Reutlingen
S. 209: © Stadt Nürtingen
S. 221: © Thomas Heitz – stock.adobe.com
S. 223: © Achim Mende
S. 233: © together-magazine – Pixabay
S. 235: © Maslme– Pixabay
S. 239: © Efraimstochter – Pixabay
S. 243: © Wolfgang Michalke – Pixabay

Grafische Herstellung: Raphaela Moczynski
Kartenausschnitte: © KOMPASS-Karten GmbH
Kartengrundlage für Extra-Tourenkarte: © MairDumont, D-73751 Ostfildern 4

Alle Angaben und Tourenbeschreibungen wurden nach bestem Wissen gemäß unserer derzeitigen Informationslage gemacht. Die Radtouren wurden sehr sorgfältig ausgewählt und beschrieben, Schwierigkeiten werden im Text kurz angegeben. Es können jedoch Änderungen an Wegen und im aktuellen Naturzustand eintreten. Radfahrer und alle Kartenbenützer müssen darauf achten, dass aufgrund ständiger Veränderungen die Wegzustände bezüglich Befahrbarkeit sich nicht mit den Angaben in der Karte decken müssen. Bei der großen Fülle des bearbeiteten Materials sind daher vereinzelte Fehler und Unstimmigkeiten nicht vermeidbar. Die Verwendung dieses Radreiseführers + Extratourenkarte erfolgt ausschließlich auf eigenes Risiko und auf eigene Gefahr, somit eigenverantwortlich. Eine Haftung für etwaige Unfälle oder Schäden jeder Art wird daher nicht übernommen. Für Berichtigungen und Verbesserungsvorschläge ist die Redaktion stets dankbar. Korrekturhinweise bitte an folgende Anschrift:

KOMPASS-KARTEN GMBH
Karl-Kapferer-Straße 5, A-6020 Innsbruck
www.kompass.de/service/kontakt

FSC
www.fsc.org
MIX
Papier aus verantwortungsvollen Quellen
FSC® C018236